今日から
モノ知り
シリーズ

トコトンやさしい

小売・流通の本

鈴木邦成

「ネット通販」の台頭など、小売・流通業界は大きな変革期を迎えています。本書は、重要性が高まっている小売業の役割に焦点を合わせ、流通のしくみをわかりやすく解説します。

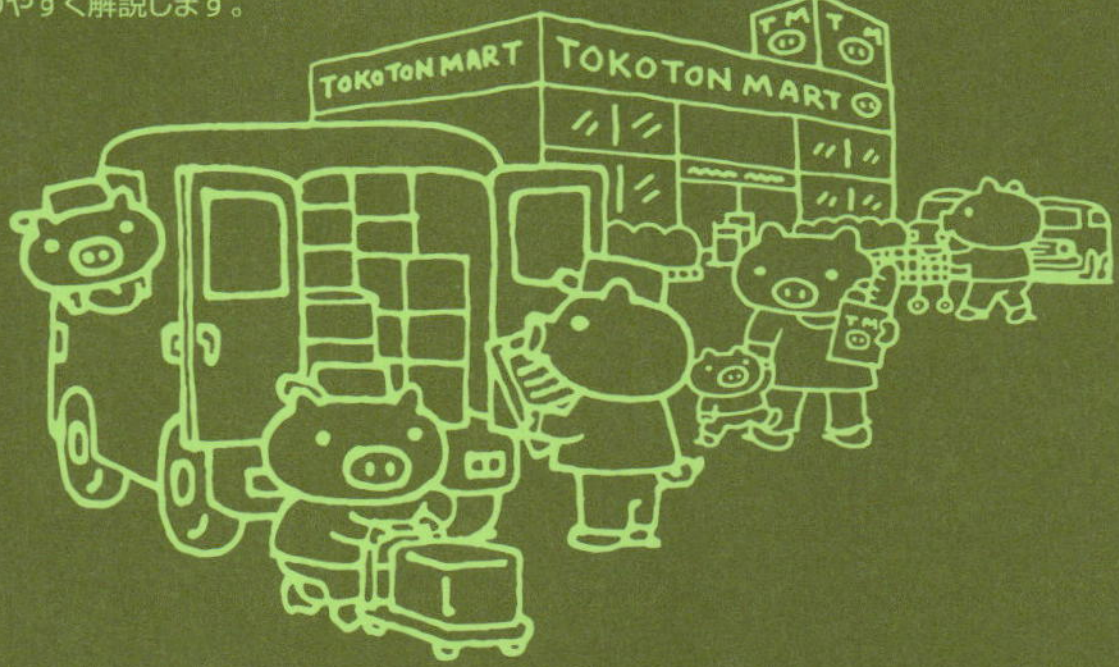

B&Tブックス
日刊工業新聞社

はじめに

流通とは「モノをつくること」と「モノを使うこと」をつなぐ経済活動のことです。工場などでつくられたモノを私たちがすぐに消費することはできません。工場などでつくられたモノは市場を経由して私たちの手元に届きます。専門的にいうと、生産活動と消費活動を結ぶ一連の諸活動を流通といっています。流通業は大きく、卸売業と小売業に分けることができますが、本書では近年、その重要性が大きく高まっている小売業の役割に焦点を合わせて、流通のしくみを理解できるように構成しました。もちろん、卸売業も流通プロセスで重要な役割を担っているので必要に応じて取り上げて解説しています。さらにいえば製造業などのモノをつくる側も「どのような流通ルートでモノを売っていくか」ということを念頭に商品を開発し、価格を設定していくため流通の「舞台設定」には欠かせない存在です。本書ではこうした流通の歴史、しくみ、理論、戦略、業界の動向などをわかりやすく解説していきます。

第1章では流通の基本を紹介していきます。商人の出現により商品流通が始まりました。やがて問屋や商店、さらにはデパートやスーパーマーケットが登場し、現代的な流通システムができあがりました。それをふまえて、流通活動の大枠と重要性、業界の規模などについて解説します。

第2章では、小売業である、百貨店、スーパーマーケット、コンビニエンスストア、ドラッグストアなどを業態別で解説します。

第3章では小売業の出店戦略や店舗経営について説明します。生産と消費を結ぶ流通活動において、その重要性がますます高まる小売業の立ち位置を解説します。

第4章では、業界別、商品別の流通について説明します。たとえば、食品には食品の流通のしくみがあり、家電には家電の流通のしくみがあります。私たちの身近な商品がそれぞれどのような流通経路を流れて消費されていくかを見ていきます。

第5章では、近年、注目度が高まっているネット通販について小売・流通の視点から解説します。ネット通販ビジネスの現状と課題、今後の方向性などを業界の動向をふまえて解説していきます。

第6章では小売業の販売戦略について販売員やバイヤー(仕入れ担当者)の視点も交えながら紹介していきます。

第7章では、これからの流通のあり方について解説します。情報化、グローバル化などの流れのなかで新しい流通ビジネスモデルが誕生する可能性も出てきています。

なお、本書は2006年9月に発行された『トコトンやさしい流通の本』を大幅に加筆・修正し、内容に合わせてタイトルを変更した改訂版です。発売から10年以上が経ったことを受け、内容を大幅に入れ替え、小売・流通に関する最新の動きも網羅しました。もちろん、改訂前と同じように流通についてトコトンやさしく説明することを心がけました。専門的な予備知識がなくとも、小売・流通について正しく理解できるように努め、わかりやすく解説することを心がけました。

本書を読むことで、小売・流通の基本知識が読者のみなさんに自然なかたちでプラスされることと思います。

2017年10月

鈴木　邦成

トコトンやさしい

小売・流通の本

目次

第3章 小売業のマーケティングとストアマネジメント

32 仕入れ計画と発注……76
33 POSシステムの活用で売上げを増やす!……78

第4章 業界別の流通のしくみ

第5章 ネット通販のしくみ

第6章 小売業の販売管理・在庫管理

第7章 これからの流通

第1章

流通の基本

1 「流通」って何？

工場から物流センター、小売店までの流れ

一般にメーカーや農林水産業などが生産した商品は、仲買業などの一次卸業、さらには二次卸業を経由して、小売業の店先などに並びます。そして消費者が店頭に並ぶ商品のなかから必要、あるいは気に入ったものを選び購入します。

そして流通とは生産者などから商品を消費者へ販売するために生じるモノ、お金、情報を総合した流れのことを指します。生産、消費と並ぶ経済の３大活動で、「商流」と「物流」で構成されています。

売買などにより商品の所有権が移転する取引の流れを「商流」といいます。売買や仕入れに関する一連のプロセスです。また商品によっては販売状況を考慮して、バーゲンやセールなどで適時、値引きが行われることもあります。こうした商品の値引きについても商流の枠のなかで考えることができます。

また、商取引を円滑に進めるためには「商圏をどのようにとらえるか」という考え方も必要になります。消費者の購買行動や顧客満足も商流と密接に結びつくことになります。

他方、モノ（商品）の流れのことを「物流」といいます。ただしモノの流れといっても、たんなる輸送や保管ではなく、企業経営の立場に立って戦略的に物流を構築する「ロジスティクス」（戦略物流）という考え方が近年は注目されています。

また、ロジスティクスの概念を商品企画、設計、開発から販売まで広げ、企業プロセス全体での最適化を図るサプライチェーンマネジメント（ＳＣＭ）の考え方も密接につながっています。加えて、配送ネットワークの効率性を十分に配慮しつつ、「小売業、卸売業をいかに活用して販路を広げるか」という流通チャネル戦略を構築する必要もあります。卸売業と小売業の連携、バランスに適切に配慮することも重要です。緻密な在庫管理を実践することも物流にストレスを与えないための必須条件となります。

要点BOX
- ●所有権の取引の流れが商流
- ●戦略的なモノの流れを意味するロジスティクス

経済における流通の位置

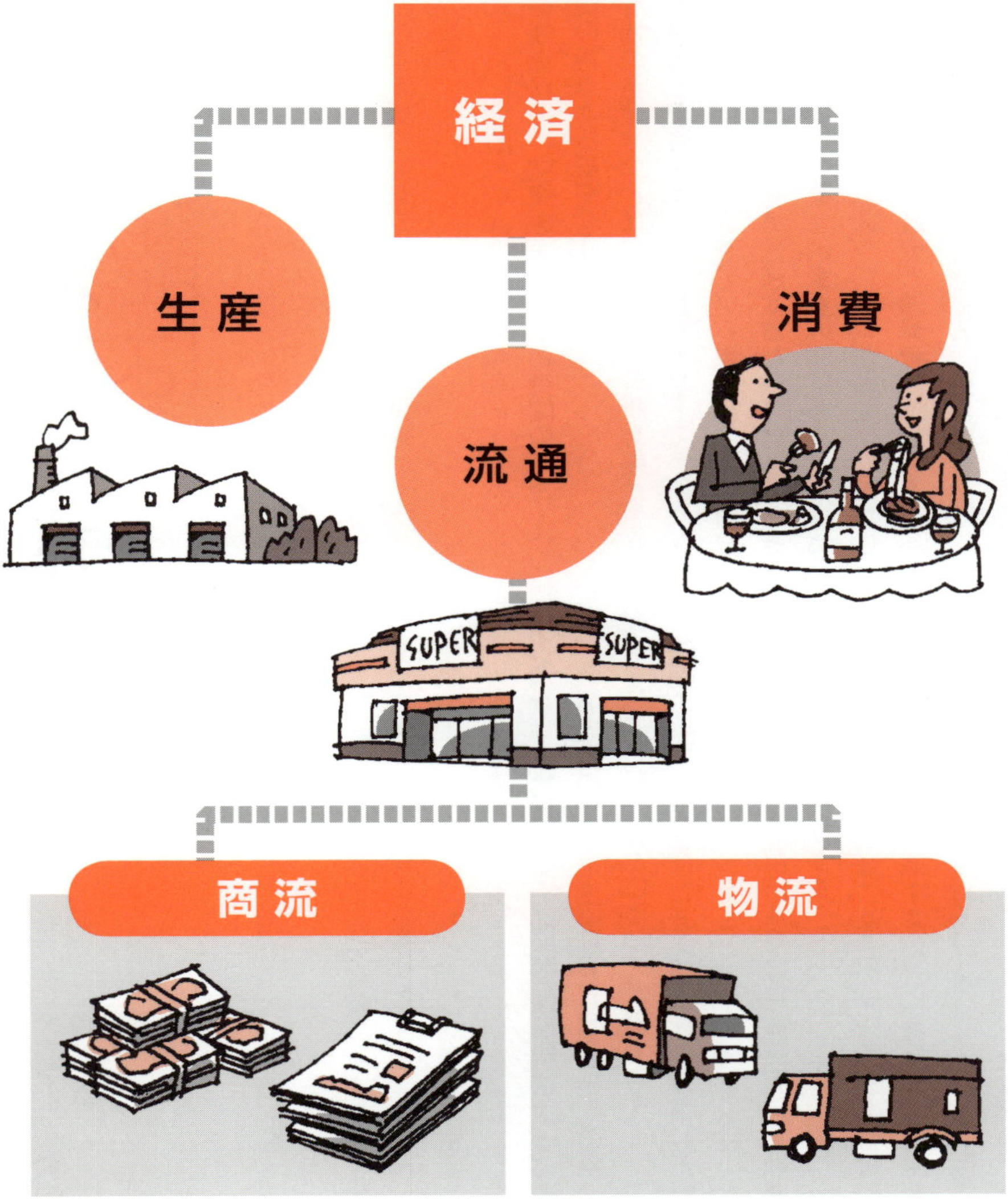

物流と商流は経済活動における流通セクターの2大機能

2 流通の基本的な機能は？

生産と消費のギャップを埋める

流通の最も大きな機能は生産と消費のギャップを埋めるということです。

生産と消費のギャップには、所有権のギャップ、情報のギャップ、空間のギャップ、時間のギャップがあります。

このうち、所有権のギャップと情報のギャップは商流の視点から、空間のギャップと時間のギャップは物流の視点から説明できます。

所有権のギャップとは、ある商品の所有権が生産者と消費者とで異なることから発生します。

社会分業制度が確立されている現代社会では消費者は必要な商品を自分で生産するわけではありません。したがって生産者と消費者の間にある溝を埋める手立てとして商品流通システムが必要になるわけです。また、同時に生産者と消費者の情報のギャップも埋められなければなりません。生産者がいつ、どこで、どのように商品を生産するかという情報を商品流通の過程で広告、宣伝し、消費者に伝えなければならないのです。

また物流の視点をふまえ、空間のギャップと時間のギャップを埋める必要もあります。

空間のギャップとは、たとえば北海道で生産したジャガイモを東京で消費するといったように、生産地と消費地の物理的な距離的問題を解決することです。流通過程のなかで生産地から消費地への輸送、配送を円滑に行うことによって解消します。

時間のギャップとはたとえば、秋に収穫した野菜を冬に販売するといったことです。流通過程のなかで時間のギャップを解消するには、商品を一定期間、保管する必要があります。

そして流通の役割はこれらのギャップを合理的、効率的、戦略的に解消することにあります。生産と消費の溝を埋めて、サプライチェーン（供給連鎖）の流れを円滑にすることといえるでしょう。

要点BOX

- ●所有権、情報、空間、時間の溝を解消
- ●サプライチェーンの流れを円滑化

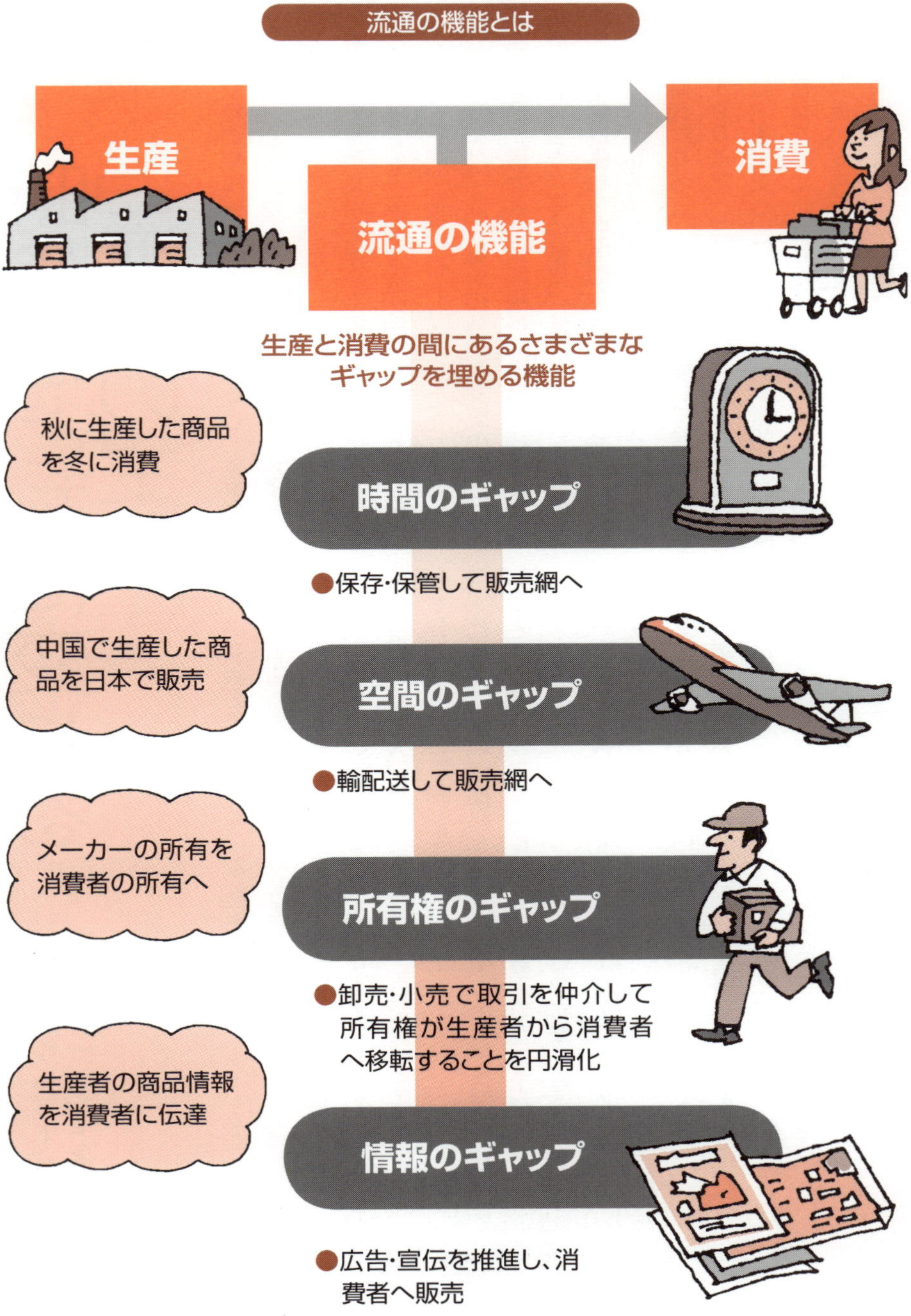
流通の機能とは
生産
消費
流通の機能
生産と消費の間にあるさまざまなギャップを埋める機能
秋に生産した商品を冬に消費
時間のギャップ
●保存・保管して販売網へ
中国で生産した商品を日本で販売
空間のギャップ
●輸配送して販売網へ
メーカーの所有を消費者の所有へ
所有権のギャップ
●卸売・小売で取引を仲介して所有権が生産者から消費者へ移転することを円滑化
生産者の商品情報を消費者に伝達
情報のギャップ
●広告・宣伝を推進し、消費者へ販売

3 時代とともに変わる「流通の主役」

百貨店からスーパー、コンビニ、ネット通販へ

商品交換の規模が大きくなってくると、貨幣経済が始まり、都市が誕生し、「市《いち》」が行われるようになりました。

我が国では奈良時代から平安時代にかけて、ある程度、しっかりした商品流通体制が確立されました。地方都市では市が活発に行われるようになりました。

江戸時代には、江戸幕府の強力な支配のもとに日本全国に藩が置かれ、全国規模での市場経済体制が構築されました。その結果、江戸、大阪、京都には大市場が形成され、各藩の年貢米や特産品を取り扱う問屋が発達しました。

明治時代になると、百貨店が相次いで営業を始めます。１９０４年、三井呉服店は、株式会社三越呉服店と社名を変更し、翌年正月から本格的な百貨店として営業を開始しました。１９０７年には美術品などの取扱いも始めています。

第一次世界大戦後には阪急百貨店、東急百貨店などの私鉄のターミナルに電鉄系の百貨店（ターミナル百貨店）が相次いで完成しました。

１９７３年10月に石油危機が発生すると日本経済は安定成長期に突入することになります。そしてこの時期から個人消費支出は低迷し、百貨店の売上げも伸び悩むことになります。

代わってこの時期から小売業の中心として台頭してきたのがセルフサービス方式を導入したスーパーマーケット（スーパー）でした。石油危機と前後するかたちで大衆の支持を得て、スーパーは大きく躍進したわけでした。

さらに１９８０年代には、コンビニエンスストアは日本の小売業のなかで中心的な役割を占めるまでに発達していったのでした。

そして近年は、実店舗を介しての流通よりもネット販売での商品流通量の伸びが大きくなっています。時代とともに流通の主役は変化しているのです。

要点BOX

- 「市」の活発化で商品流通体制が確立
- 明治時代に本格的な百貨店が登場

呉服店から百貨店へ

百貨店名	百貨店創業	前身名	呉服店創業
三越	1904年	越後屋	1673年
松坂屋	1910年	いとう呉服店	1611年
大丸	1920年	大文字屋	1717年
高島屋	1930年	たかしまや	1831年

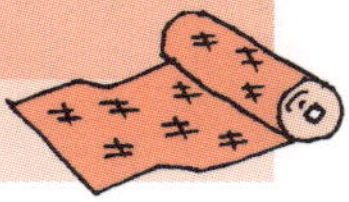

出典:諸資料をもとに作成

戦前	阪急百貨店(1929年:梅田駅) 東急百貨店(1934年:渋谷駅)
1950年代	名鉄百貨店(1954年:名古屋駅) 大丸(1954年:東京駅) 阪神百貨店(1957年:大阪駅)
1960年代	東武百貨店(1960年:池袋駅) 小田急百貨店(1961年:新宿駅) 京王百貨店(1961年:新宿駅)

出典:諸資料をもとに作成

用語解説

ターミナル百貨店:日本で独自に発達した百貨店の形態。百貨店の草創期に登場した三越などの呉服店系の百貨店は高級感が売り物であったが、ターミナル百貨店の経営母体は鉄道会社であった。自社のターミナル駅に乗客を集めるランドマークとして百貨店を位置づけ、高級感よりも大衆性を前面に押し出した。

4 流通チャネルの選択でビジネスモデルが変わる！

商品の最適流通経路を戦略的に構築！

「どのような流通チャネルを選択するか」ということは、現代ビジネスを考えるうえで、たいへん重要です。流通チャネルとは、商品が生産者から消費者へと流れていく道筋のことです。流通チャネルは「直接流通」と「間接流通」に大きく2つに分けて考えることができます。直接流通とは生産者が消費者まで直接届けるなど、卸売業や小売業が介在しない「産地直送」などの流通形態のことです。間接流通とは、卸売業、小売業が介在し、商品が消費者に渡る形態のことを指します。そして市場経済社会は間接流通をベースに発達しました。

間接流通の場合、メーカーは流通経営にあたり流通チャネルの設計と管理を行います。

さらにいえば間接流通には開放的な流通チャネルと選択的な流通チャネル、閉鎖的な流通チャネルがあります。流通チャネルがどのようなかたちになるかは業界によって異なります。

また流通チャネルを開放型、選択型、閉鎖型に分けるという考え方もあります。開放型の流通チャネルは特定地域内の多くの流通業を販売の窓口とするもので購買頻度の高い、店頭に置くことが販売実績に大きな影響を及ぼすような商品に適しています。たとえば医薬品などが該当します。

選択型の流通チャネルは家電やアパレルなどで採用されています。販売の窓口を増やしても必ずしも販売数の増加につながらないような商品に対して、選択的流通チャネルが設けられます。

閉鎖型の流通チャネルとは「特定地域内に1つ、あるいは、きわめて少数の販売チャネルを設定する」というものです。ブランドイメージなどを守りながらの販売が行われます。その場合、流通業には特定地域での独占的販売権が与えられることもあります。また、競合商品の販売を禁止されたり、価格維持を義務付けされたりすることもあります。

要点BOX
- 「産地直送」などを主とする直接流通
- 卸売業や小売業が介在する間接流通

流通チャネルのしくみ

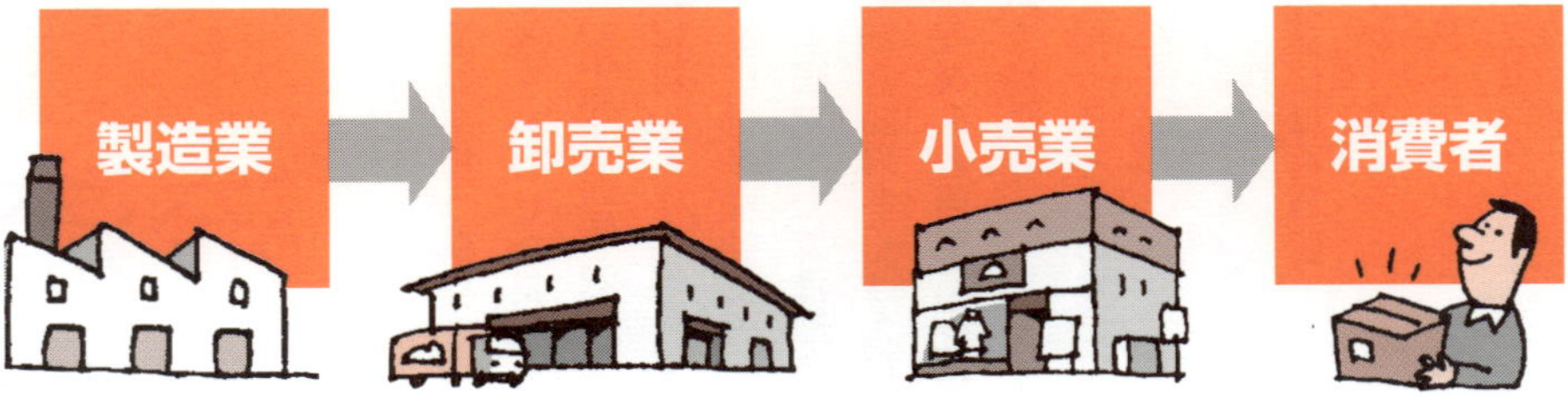

流通

商品が消費者まで流れていく経路

直接流通

●生産者が消費者まで直接届けるなど、卸売業や小売業が介在しない流通形態

間接流通

●卸売業、小売業が介在し、商品が消費者に渡る形態

流通経営にあたり流通チャネルの設計と管理が必要

開放型チャネル

特定地域内の多くの流通業を販売の窓口とするもので、購買頻度の高い店頭に置くことが販売実績に大きな影響を及ぼすような商品に適している。例：医薬品、日用雑貨品など

選択型チャネル

販売窓口を増やしても必ずしも販売数の増加につながらないような商品に対して有効。付帯情報、サービス、商品イメージなどが販売に大きな影響を及ぼす。例：家電、アパレルなど

閉鎖型チャネル

ブランドイメージなどを守りながらの販売が行われる商品。流通業に特定地域での独占的販売権が与えられることもある

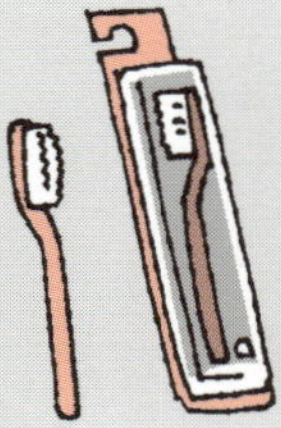

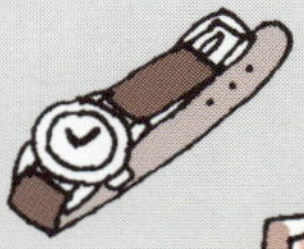

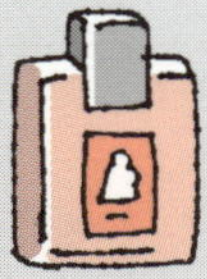

5 流通業界の概要と流通系列化

最終消費者までの商品の分配、配給を担う業界

流通業界とは「最終消費者にいたるまでの商品の分配、配給を担う業界」のことです。つまり小売業と卸売業を合わせた業界を指すことになります。ただし、「小売流通業の略」という意味合いから小売業のみに対して流通業というケースも多いようです。

卸売業には多種多様の商品を取り扱う総合卸と取扱商品を限定した業種卸があります。たとえば食品などの総合卸の多くは大規模な物流センターを運営し、小売業の各店舗に円滑かつ効率的に納品するシステムを構築しています。また総合卸の役割を商社などが担うこともあります。ただし、近年は「流通の中抜き現象」が進み、中小規模の卸売業は経営戦略の大幅な見直しを迫られています。

小売業には百貨店、スーパー（総合スーパー、食品スーパーなど）、コンビニエンスストア、ディスカウントストア、ドラッグストア、家電量販店、ショッピングセンター、生協・農協、専門店、個人商店、ネット通販などの業態があります。

ちなみに日本における小売業の販売総額は約140兆円です。近年の傾向としては小規模な商店が減少し、中・大型店の増加が著しくなっています。ネット通販市場の拡大も目を引きます。

また、メーカーなどが自社製品の売上増、増収益を図ることを目的に卸売業や小売業を自社組織に組み込むこともあります。これを「流通系列化」といっています。系列化を小売段階まで行うか、卸売段階までに留めるかはそれぞれの業界や個別企業の社風、戦略などに左右されます。さらにアパレル業界ではメーカーの機能と小売業の機能が連結した業態であるＳＰＡ（製造小売業）が登場し、注目を集めています。これは、メーカー、あるいは小売業がサプライチェーンを統括し、小売販売情報を生産計画に反映させていくというビジネスモデルです。アパレル以外の業界にも広まりつつあります。

要点BOX
- 「流通の中抜き現象」で岐路に立つ卸売業
- 大型店の増加、外資系の進出が続く小売業

流通業界

最終消費者にいたるまでの
商品の分配、配給を担う業界

つまり流通業界とは「小売業と卸売業を合わせた業界」を指すことになる。ただし、小売業のみに対して「小売流通業の略」という意味合いから流通業というケースもある

卸売業

業種卸

総合卸

業界再編の
流れのなかで
大きな岐路に!

小売業

●百貨店、スーパー(総合スーパー、食品スーパーなど)、コンビニエンスストア、ディスカウントストア、ドラッグストア、家電量販店、ショッピングセンター、生協・農協、専門店、個人商店、ネット通販などの業態

6 流通機構って何？

流通の役割を遂行する社会的なシステム

流通の役割を実際に遂行するための社会的なシステムのことを「流通機構」といいます。言い換えれば、流通機構とは、「生産者から消費者に商品が渡るしくみ」のことです。

流通機構には相互に関連しつつ、流通活動を円滑に行ういくつかの構成要素が存在します。そしてそうしたさまざまな流通機構の構成要素が「流通機関」です。それらの流通機関を経由して、消費者のもとに商品が渡ることになります。

流通機関を構成するそれぞれの企業は所有権、情報、空間、時間のギャップを埋めるために存在します。所有権のギャップを埋める役割を担うのはメーカー、卸売業、小売業です。流通過程で商品の所有権を移転させます。このうち、卸売業と小売業を合わせて、「商業者」と呼ぶこともあります。

銀行、クレジットカード会社、保険会社などは所有権の移転に際しての商品の決済や保証などに関わります。

輸送会社や倉庫会社などの物流業は空間のギャップや時間のギャップを埋める役割を演じます。

情報システム会社などは流通過程に関連する一連の情報システムを構築します。

なお、流通機構はそれを取り巻く外部環境の影響を受けることになります。たとえば労働力、技術水準、都市環境、政府の政策、あるいは自然条件などが変化すれば、それにより流通活動にも変化が生じる可能性が出てくるわけです。

また、流通機構内部で競争や衝突、協調関係などが増幅し、全体の構造が変化することも考えられます。たとえば複数の小売業間での競争が激化したり、メーカーと卸売業の戦略が対立したりすれば、流通機構を変化させる必要が出てくることも考えられます。流通機構は機構内外のさまざまな影響を受けて成立し、常に変化する可能性を秘めているのです。

要点BOX

- 「流通機関」とは流通機構の構成要素
- 流通機構はそれを取り巻く外部環境の影響を受ける

流通機構と流通機関

生産者から消費者に商品が渡るしくみ

流通機構 ― **流通機関**

流通の役割を実際に遂行するための社会的なシステムのこと

さまざまな流通機構の構成要素

所有権のギャップを埋める ― メーカー、卸売業、小売業

空間のギャップや時間のギャップを埋める ― 物流業

決済・保証など

銀行、クレジットカード会社、保険会社

労働力、技術水準、都市環境、政府の政策、あるいは自然条件などが変化すれば、それにより流通活動にも変化が生じる可能性が出てくる

7 売買取引のしくみ

商品の数量、単価など決定し、商品を引き渡す

売買取引を行う場合、その商品の品質、数量、単価について決定し、売り手が買い手に商品を引き渡すことになります。そして商品と引き換えに買い手が売り手に代金を支払うことになります。これが売買取引の一連の流れになります。

なお売買契約は当事者の意思の合致、約束があれば成立する契約です。このような契約を「諾成契約《だくせい》」といいます。

売買取引が小売店と消費者の間で行われる場合を考えてみましょう。消費者は店頭で商品の品質と価格を見ます。そして数量を決め、小売店に現金やクレジットカードなどで支払います。

同様な取引はメーカーとサプライヤー（取引先）や卸売業と小売業の間でも行われます。

多くのメーカーはサプライヤー（取引先）から部材、部品などを購入しています。メーカーはサプライヤーと契約を結び、取引条件を文書化します。ただし、取引が長期に及ぶ場合には通常の取引は注文書などで代用するケースもあります。もちろん、その際にもそうした注文書とは別に長期的な基本契約を結びます。長期的な基本契約には一般的に支払条件、契約期間、品質保証、秘密保持などの項目があります。

また卸売業が売り手で小売業が買い手になる場合、売買契約を結び商品を買い取るという選択肢のほかに委託契約を結ぶという選択肢もあります。

そしてその場合には卸売業が小売業に販売を委託して手数料を支払う形がとられます。商品が委託先の小売店の店頭で売れれば、所有権は売り手である卸売業から買い手となる最終消費者に移るというわけです。さらにいえば、委託販売が行われる場合、買い手である最終消費者が商品を返品する場合には所有権は卸売業に戻ることになります。その結果、商流も物流も複雑になります。

要点BOX

- 売買契約は当事者の意思の合致で成立する「諾成契約」
- 基本契約の項目は支払条件、契約期間など

売買取引の流れ

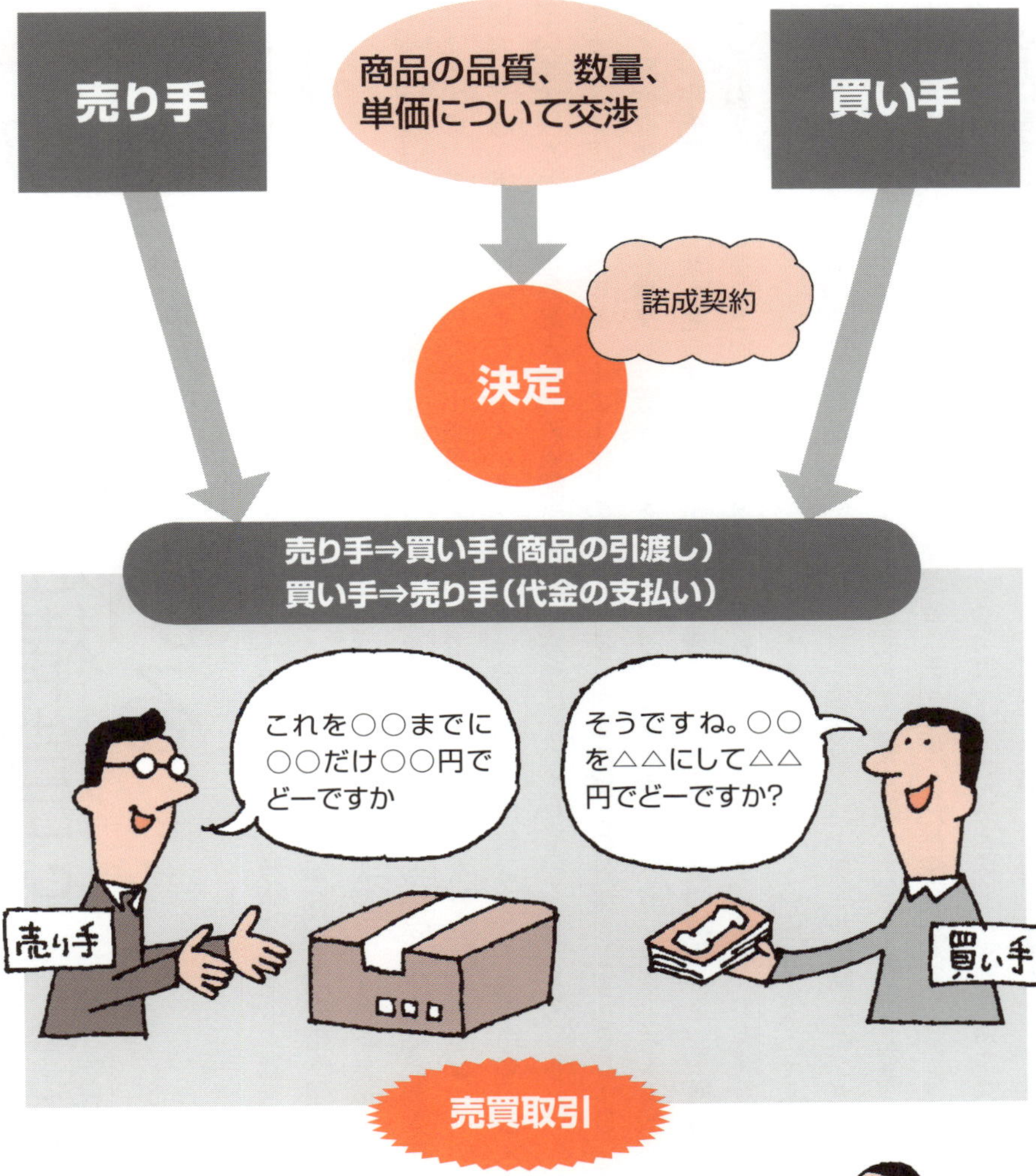

売り手
商品の品質、数量、単価について交渉
買い手
諾成契約
決定
売り手⇒買い手（商品の引渡し）
買い手⇒売り手（代金の支払い）
これを○○までに○○だけ○○円でどーですか
そうですね。○○を△△にして△△円でどーですか?
売り手
買い手
売買取引

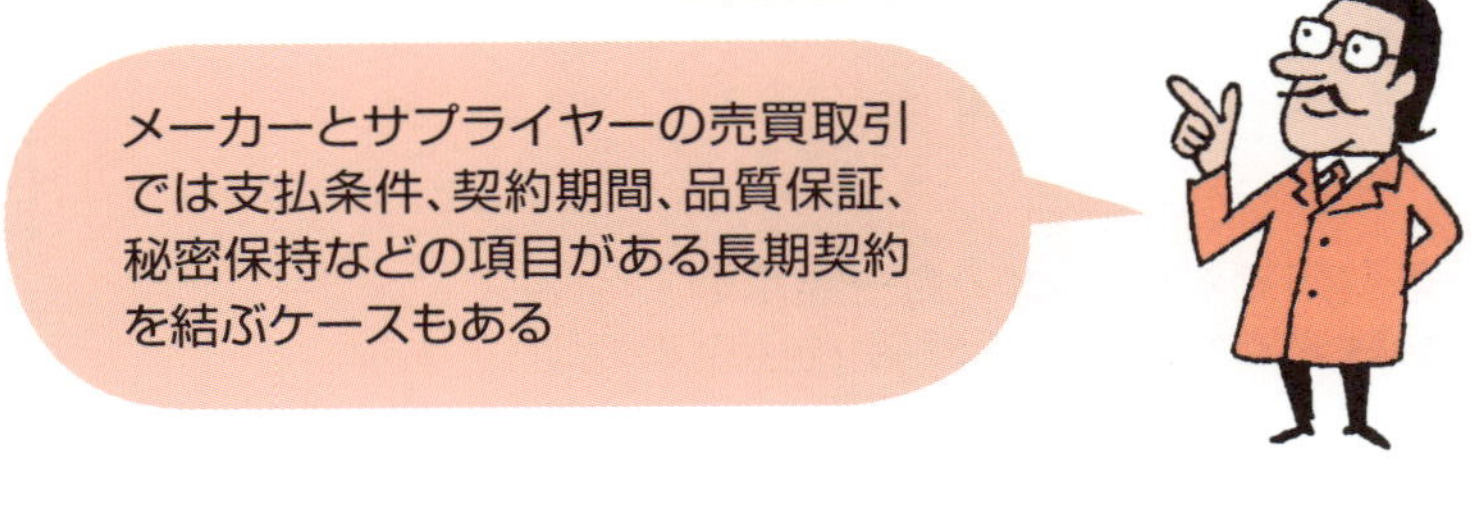

メーカーとサプライヤーの売買取引では支払条件、契約期間、品質保証、秘密保持などの項目がある長期契約を結ぶケースもある

8 欧米の流通構造はどうなっている

欧米で進む小売店舗の超大型化

欧米では日本以上に大型小売店による市場支配が進んでいます。また流通経路も大幅に短縮化されています。

米国の場合、小売店の超大型化が進んでいますが、同時にメーカーの力も強く、そのため小売店とメーカーが協力して販売戦略を展開するケースが多々報告されています。たとえば世界最大級の流通業、ウォルマート・ストアーズが日用品メーカー大手のP&Gなどと緊密な提携関係を構築し、販売促進を行っています。小売店が卸売業を通さず、メーカーや産地と直接取引することが多いというのも米国流通業界の特徴です。

欧州の流通業界でも小売店の大型化は進んでいます。そして卸売業のウエートは低くなっています。また小売業が製造業の領域までタッチし、生産される小売業のプライベートブランド（PB）商品の比率も日米以上に高くなっています。

ただし、米国でも欧州でもネット通販市場のさらなる拡大を受けて、伝統的な商店街や個人商店が衰退するのみならず、大型ショッピングモールなども集客力が大きく低下し、ネット通販一局集中化が進んでいることが大きな社会問題ともなっています。言い換えれば実店舗はネット通販市場の拡大で大きな岐路に立たされているわけです。

そして実店舗側の対策として、RFID（非接触タグ）システムや、さらにはAI（人工知能）技術を導入した無人化店舗の導入やネット通販とのリンクも強化されています。今後、実店舗のIT武装もますます進化していくことになるでしょう。

また実店舗とバーチャル店舗など、流通チャネルを問わずに複合的なチャネル利用で販売を伸ばす「オムニチャネル」などが注目を集めています。たとえば、ウォルマートは独自のモバイル決済システムを導入し、迅速に決済する方式を導入しています。

要点BOX
- 欧州で高まる「メーカー無用論」
- 欧米でも進む個人商店・商店街の衰退

ウォルマートによる流通システムのスリム化

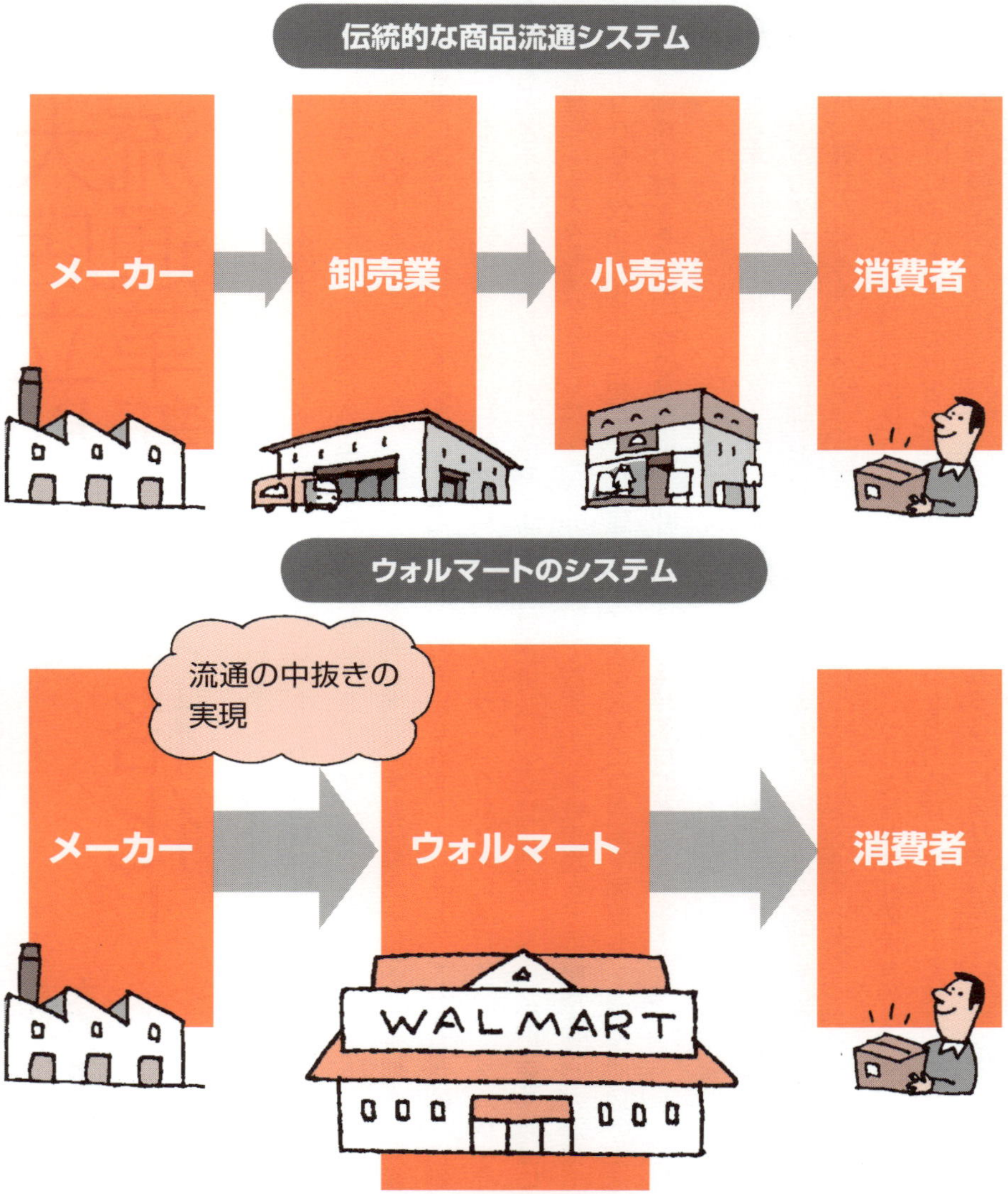

●メーカーと共同で需要予測、商品開発、在庫管理などを行うパートナーシップの構築

用語解説

オムニチャネル：実店舗、バーチャル店舗などの流通チャネルにこだわらず、あらゆるチャネルを活用して販売を行う方式。

9 大店立地法で流通革新が本格化！

大型店舗の出店規制の大幅な緩和

1960年代初頭くらいからスーパーが台頭し始めました。そしてスーパーによってメーカー主導の価格体系は切り崩されました。小売業が価格決定権を握るようになったのです。

また、消費者に渡るまでにいくつもの問屋を経由しなければならない日本式の多段階流通経路の刷新を訴える声も大きくなってきました。いわゆる「問屋無用論」を提唱する人々も出てきました。

こうした1960年代から70年代に起こった流通業界における刷新の動きを「第一次流通革命」と呼んでいます。

さらに1990年代以降現在にいたるまで、これとは別の大きな変革の流れが流通業界に押し寄せています。これが「第二次流通革命」です。「第二次流通革命」はIT革命による情報革新の流れや米国などからの「外圧」による大型店の出店規制の緩和などを背景としたものです。

「大規模小売店舗法」（大店法）は大型店の出店を規制し、中小の小売業の事業機会を確保することを目的に1974年に施行されました。しかし、米国の批判を受け、大型店舗出店に関する大幅な規制緩和が打ち出されました。そしてそれを具体的に法制化したのが、2000年に施行された「大規模小売店舗立地法」（大店立地法）です。大型商業施設に対して設置すべき駐車場などの確保を求めた法律です。大型店の出店規制を撤廃し、大型店周辺の生活環境の保持を目的としています。

また、同法とあわせて「まちづくり三法」と呼ばれる「改正都市計画法」、「中心市街地活性化法」が施行されました。欧米型の大型店出店の基盤ができあがったといってもよいでしょう。

そしてこうした規制緩和の流れのなかで、伝統的な商店街などの既存の中小の小売業は大きな岐路に立たされることになりました。

要点BOX

- 「問屋無用論」による「流通の中抜き」
- 大型店出店で窮地に追い込まれた伝統的な商店街

流通革新の流れ

1960年代初頭	スーパーが台頭。安価な商品を問屋などの経路を使わずに「産地直送販売」などで行う動きが出てくる
1960年代～1970年代	メーカー主導の価格体系、複雑な問屋システムなどを切り崩す動きが出てくる。「問屋無用論」などが叫ばれた。「第一次流通革命」
1974年	「大規模小売店舗法」(大店法)の施行 *大型店の出店を規制し、中小の小売業の事業機会を確保することが目的
1990年代～現在	IT革命による情報革新の流れや米国などからの「外圧」による大型店の出店規制の緩和などを背景とし、「第二次流通革命」が起こる
2000年	「大規模小売店舗立地法」(大店立地法)の施行 *大型商業施設に対して設置すべき駐車場などの確保を求めた法。大型店の出店規制を撤廃し、大型店周辺の生活環境の保持が目的
2006年	駅前の商店街などの伝統的な街並みの崩壊が社会問題になる。「まちづくり三法」を見直し、2007年11月全面施行

出典:諸資料をもとに作成

流通チャネルの構築を支えるまちづくり三法

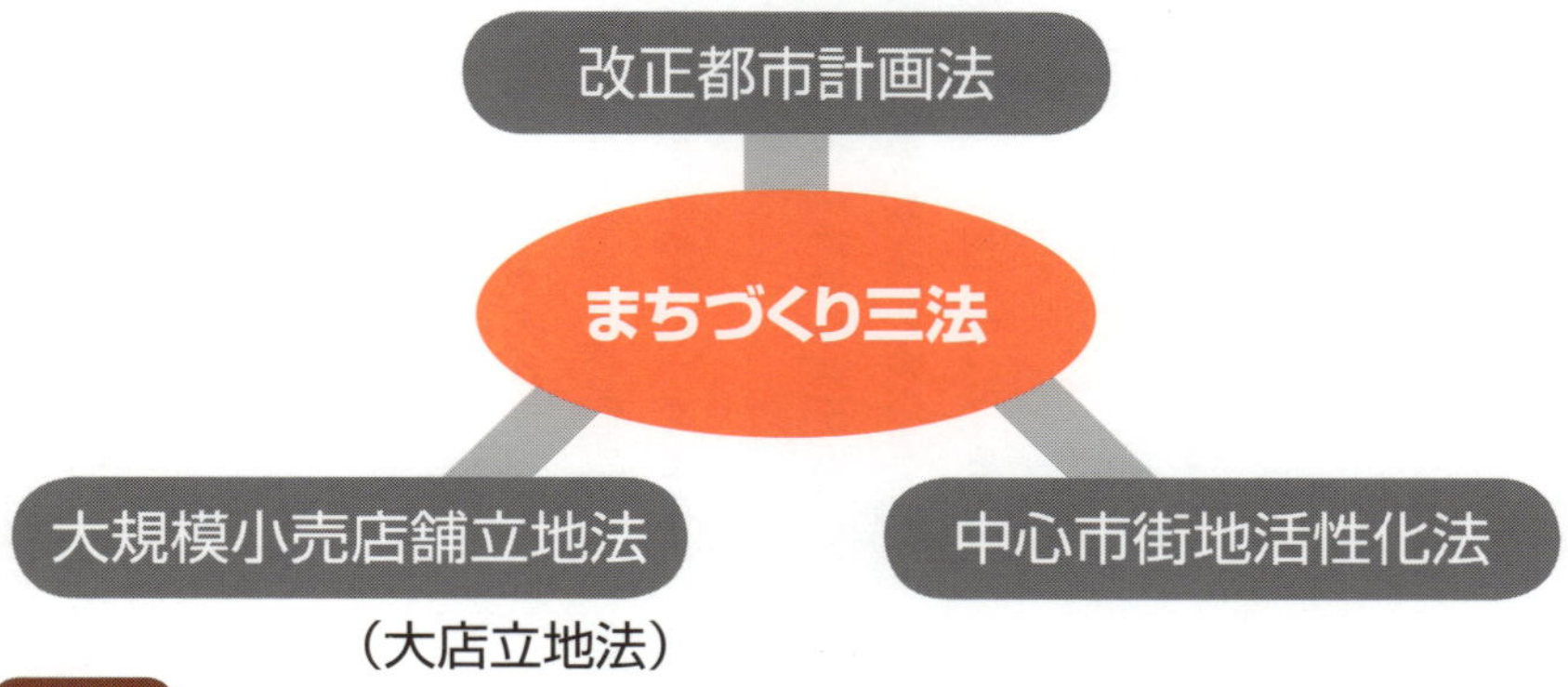

用語解説

改正都市計画法：特別用途地域の設定を市町村が行えるようにした法律。それまでは国が行っていた。
中心市街地活性化法：空洞化する市街地の整備改善と商店街の活性化などを推進することが目的。

10 変わりつつある日本の流通システム

生き残りをかけるネット通販時代の流通業

日本の伝統的な流通システムの特徴としては、「多数の小規模な小売事業者の存在」「多層的な流通チャネル」「複雑でわかりにくい商慣行」などがあげられます。

また長い間、大店法などの規制により、小規模な小売店や伝統的な商店街が守られてきました。もっとも大店立地法の施行以降、中小規模の小売店が衰退し、大きな社会問題となりました。

さらに日本の流通チャネルは多層的、多段階的でそれが流通コスト高にもつながっています。諸外国に比べ、卸売業が複雑に発達してきました。

たとえば、呉服や米穀などのように江戸時代からの中間流通の名残りがある業界もあります。もちろん近年は量販店などの大型小売店やネット通販の発達でそうした複雑な流通チャネルも変化しつつあります。

日本特有のわかりにくい商慣行も流通システムのスリム化の大きな障壁となっています。

メーカーが決めた希望小売価格を基準として流通段階への卸価格を設定する「建値制」や売れ残った商品をメーカーや卸売業に無条件で返す「返品制」、売れた分しか代金を払わない「委託販売制」などが代表的な日本的商慣行といわれています。

同時にこうした日本的商習慣は「流通システムに過度な負荷がかかり、非効率であるので改めるべきだ」との指摘を国内外の専門家などから再三受けてきました。

ちなみに現在では「建値」から価格決定の主導権を小売業が握る「オープン価格制」に移行しつつあります。複雑な日本的商慣行は次第に解消されつつあるといってもよいでしょう。

グローバル化の流れのなかで、日本の流通システムも世界標準への適応を余儀なくされつつあるといってもよいでしょう。

要点BOX

- ●解消されつつある多段階流通の課題
- ●グローバル化への対応の道を探る小売業

日本の流通システムの課題

日本的商慣行

- リベート制度
- 委託販売制度

商流物流の
しくみが複雑

問題点

- 仕入原価が不透明
- リベート目当てに売れない商品でも仕入れる
- 仕入れが安易になる

流通システムのスリム化を推進するためには綿密な需要予測を行い、過剰に商品を仕入れたり、不要な商品を倉庫に眠らせておくことは避けなければならない

代表的な日本的商慣行

返品制度	日本の代表的な悪しき商慣行として日米構造協議でも「本来望ましいものではなく、禁止あるいはそれに準じるくらいきびしく規制されるものだ」と批判された。日本百貨店協会では自主規制基準が設けられているが、問題の本質はいまだに改善されていない
リベート制度	特定の商品を一定量、販売した場合に小売店などがメーカーからなどから受け取る制度
価格以外の取引条件の設定	たとえば10個買えば1個を「おまけ」につけるといった場合は実質1割引となる。また購入ローンの金利を負担するなども価格以外の取引条件の設定というよりも実質的には価格操作と同様の機能を果たすと考えられる。また購入した商品の設定、設置などを無料、あるいは低価格で行うケースも同様である
互恵取引・グループ取引	互恵取引とは自社商品を購入することを条件に他社商品を購入する契約を結ぶこと。3社以上で行う場合、グループ取引という。日米構造協議でも問題となった
再販売価格維持制度	メーカーが卸売業、小売業に対して「販売先の販売価格」を指示し、従わない場合は取引を停止したり、リベートを打ち切ることが問題とされてきた
後決め価格・事後値引き	契約締結後に取引量だけ決め、価格は後日決定するのが「後決め価格」、売買決定時点で決めた価格を後日、条件を調整して引き下げるのが「事後値引き」である
一店一帳合制度	卸売業が販売先の小売業を、小売業は仕入先の卸売業を互いに特定する制度。独占禁止法に抵触するケースもあるので改善が望ましい
テリトリー制度	卸売業や小売業の流通チャネル活動を特定地域内に限定する制度。自由な営業活動ができないため独占禁止法に抵触する可能性がある
売上仕入	委託者が所有権を持ったまま受託者に商品を仕入れさせるが、買い手は売れた時点で仕入れと売上げを順次、計上する。売れ残りの返品は可能

●上記で取り上げた日本的商慣行には現在は行われていないものもある。　出典:諸資料をもとに作成

Column

問屋の登場

江戸時代には、江戸幕府の強力な支配のもとに日本全国に藩が置かれ、全国規模での市場経済体制が構築されました。その結果、江戸、大阪、京都には大市場が形成され、各藩の年貢米や特産品を取り扱う問屋が発達しました。各藩の領外からの移入品は問屋を通じて城下町にあるさまざまな小売店に流れるようになりました。

17世紀中期になると、さまざまな職種、業種に「仲間」の結成が幕府や諸藩から認められるようになりました。仕入れ問屋も「株仲間」という同業組合的な組織を形成しました。大坂(現在の大阪)では綿問屋、油問屋などの仲間が成立しました。

江戸でも1694年に各業種別の10組の問屋集団の連合体である「江戸十組問屋仲間」が構成されました。幕府は株仲間に特権を与え、幕藩経済を統制し、価格の吊り上げなどに参画しました。

19世紀になると「在郷商人」という農民との兼業商人が現れました。在郷商人は農家の余剰生産物を集荷し、都市部で販売し、株仲間と競合するようになりました。明治時代に入ると問屋は自らが商品を購入し、小売に直接、販売するようになりました。問屋の仕入れ機能が強化されてきたのです。

仲買商人が問屋を通り越して生産者から直接、商品を購入するケースも出てきました。生産者から原材料を仕入れ、自ら加工し、販売しました。あるいは原料を生産者に貸して製品にしてから販売しました。こうして誕生した新しい問屋は「加工問屋」と呼ばれるようになりました。仕入れ問屋も加工問屋も自らを「問屋」と名乗りました。

江戸時代にも問屋と加工業を兼ねる商人は存在しましたが、明治時代になると、この傾向が顕著になってきたわけです。

そして明治以降、さまざまな消費財のメーカーが自社の商品の販売チャンネルとして問屋組織を活用するようにもなりました。

●問屋の発展

17世紀

仲間：問屋の連合体

19世紀

加工問屋：加工(依託含む)、販売

第2章

小売業・卸売業のしくみ

11 小売業の重要性を増す

ビジネスモデルの進化に対応

我が国の産業構造を考えると、小売業の重要性は、近年、ますます高まっています。その理由はいくつかあげられます。

まず、国内における労働賃金の上昇や円高傾向などを受けて、日本の製造業は海外に生産拠点をシフトさせています。そのため、流通業などの内需産業が国内経済で中心的な役割を担うようになってきているのです。

流通業界においても、「流通の中抜き」による多段階流通解消の流れが大きくなりました。製造業と小売業の橋渡し的な役割を演じる卸売業を抜きにして、小売業が直接、メーカーと組むようになったのです。

流通の中抜きとは、「卸売業や小売業を飛び越えて、メーカーが直接、消費者に商品を販売するシステム」のことです。これまでは生産者から消費者に商品が渡る過程で、卸売業者の仲介が不可欠でした。しかし、卸売業を経由する間にかかる流通コストはかなりのものとなっていました。流通の中抜きにより、中間流通にかかるコストが大幅に削減できるのです。

さらにいえばインターネットを介することによって、この流れが加速すると考えられています。

また、アパレルのSPA（製造小売業）のように店舗情報を工場などからの生産情報と結びつけるビジネスモデルも登場しています。消費者の購買履歴から売れ筋商品や消費傾向を見極めて、売上げを伸ばしていく試みが続けられているのです。

ただし、近年のネット通販市場の拡大を受けて、米国ではすでに実店舗主体の小売業が窮地に追い込まれています。ショッピングモールで集客力の大きい百貨店などが相次いで撤退しているのです。

小売業の重要性は高まるものの、これまでとまったく同じビジネスモデルでは、もはや通用しない時代が到来しようとしているともいえるのです。

要点BOX
- ●製造業の海外移転で進む産業空洞化
- ●「流通の中抜き」で岐路に立つ卸売業

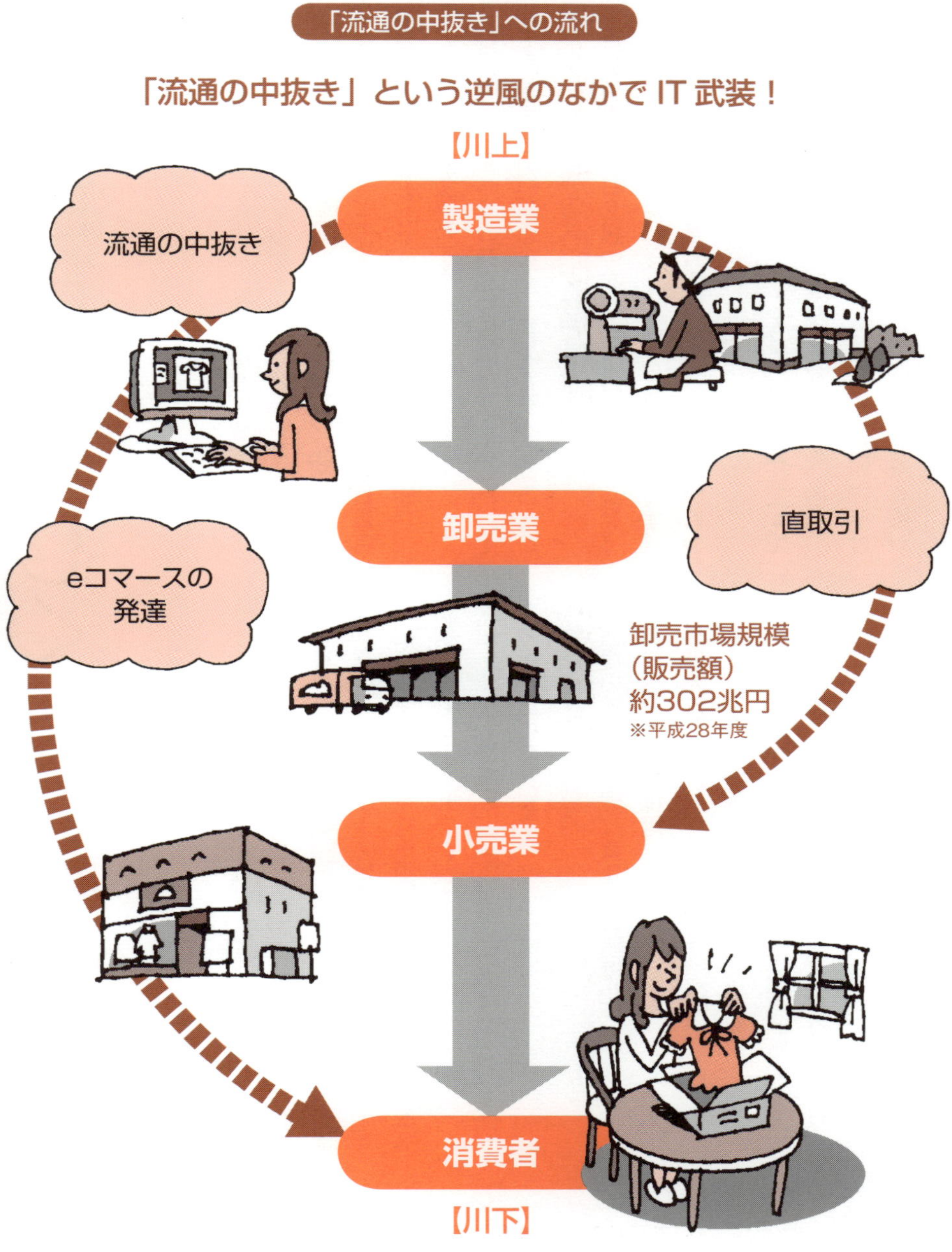
「流通の中抜き」への流れ
「流通の中抜き」という逆風のなかでIT武装！
【川上】
製造業
流通の中抜き
卸売業
直取引
eコマースの
発達
卸売市場規模
（販売額）
約302兆円
※平成28年度
小売業
消費者
【川下】

12 百貨店のしくみ

高級感のある品ぞろえが魅力

日本で最初の百貨店は三越の前身である「越後屋呉服店」（1673年創業）といわれています。

しかし、近代的な百貨店が誕生したのは明治時代になってからのことです。ちなみに欧米では百貨店は当初、安売り店としてスタートしました。しかし、その後、高級品を販売するようになりました。

百貨店ではすべての商品に値札がつきました。そして身分や性別に関係なく、商品を購入することが可能な「正札販売方式」が採用されました。

百貨店は多品目を扱いながらも高級感のある品ぞろえという、マーチャンダイジングを行っています。スーパーや専門店、量販店に比べて価格は高いものの高級感のある商品を販売します。

また売場については、たとえば「紳士服売場」「婦人服売場」といったように同類の商品を集め、売場、部門ごとの管理を行います。売場では委託販売制度が導入され、「仕入先のメーカーに商品の所有権があるものの、売れた分だけの収入が百貨店に入る」というシステムが主として採用されています。売場の店員の多くが商品知識の豊富なメーカーから派遣された社員というケースが多いのです。

担当者が顧客のもとに出向き、高級品を販売する「外商制度」も採用されています。

以上をまとめると、日本の百貨店の特徴としては、次の点があげられます。

①高級イメージの堅持
②売場の部門別管理（責任者の明確化）
③委託販売制度の採用
④外商制度の採用
⑤メーカーからの販売スタッフなどの派遣

ただし、小売形態の多様化、ネット通販の発達で百貨店に行かなくても高級品の購入が容易になりました。またインバウンド市場への対応など、新しいビジネスモデルの構築も求められています。

要点BOX
●売場の部門別管理で責任の所在を明確化
●求められるインバウンド客への対応

岐路に立つ「百貨店」というシステム

百貨店の特徴

- 高級イメージの堅持
- 売場の部門別管理
- 委託販売制度の採用
- 外商制度の採用
- メーカーからの社員の積極活用

百貨店

●小売形態の多様化、進化で百貨店に行かなくても高級品の購入が容易になる。そのため新しいビジネスモデルの構築が求められている

百貨店に
行かなくても
高級バッグを
買えるわ!

日本製品を
買いたい!

インバウンド客

委託販売制度や返品制度などの百貨店の商慣行が商流、物流の大きな妨げになっているという指摘もある。「百貨店」というシステムは変革の岐路に立っているともいえる

用語解説

外商：デパートの販売方式の1つで営業担当者が顧客のもとに出向いて販売すること。企業などの中元、歳暮などの大口購入を対象とする法人外商と所得や購入頻度の高い優良顧客を対象とする家庭外商がある。
インバウンド：外国人観光客を日本に誘致すること。日本の百貨店は、大人数での「爆買い」などに対するサービスの充実を求められている。

13 スーパーマーケットのしくみ

チェーンストア方式で販売網を充実！

世界で最初の現代的なスーパーマーケットは1930年に米国で開設された「キング・カレン商店」といわれています。セルフサービス大量安売り販売方式の食品スーパーの原型となりました。

日本の場合もスーパーは食料品のセルフサービス方式から始まりました。1953年に東京で開業した「紀伊国屋」が日本に最初に誕生した食品スーパーでした。

スーパーと百貨店のもっとも異なる点は、その売場のほとんどでセルフサービス方式が行われているということです。百貨店が接客に重きを置いて高級品を販売するのに対して、スーパーはセルフサービス方式で安価な商品を販売します。

店員は売場で接客するのではなく、ほとんどがレジにいることになります。そして百貨店ではあまり扱わない安価で毎日必要とされる商品が低価格で店頭に並んでいます。

多くの百貨店は大都市の中心部などの一等地や繁華街などに建てられます。しかし、スーパーの多くは自動車でしか買物に行けないような郊外にも進出しています。またスーパーの仕入れは本部集中の体制がとられ、全店同一の品ぞろえが行われます。

スーパーには「総合スーパー」（GMS：ジェネラル・マーチャンダイズ・ストア）と「専門スーパー」があります。総合スーパーとは衣食住について広範に商品が取りそろえられているスーパーのことをいいます。1店舗当たりの売場面積が3000㎡以上（東京都23特別区と政令指定都市は6000㎡以上）を大型総合スーパーと呼んでいます。

専門スーパーとは、衣料品、食料品、住関連など、特定分野に商品を絞ったスーパーのことです。ただし、特化した商品の比率が100％ではなく、だいたい70％を超えれば、それぞれ「食料品スーパー」「衣料品スーパー」「住関連スーパー」などと呼びます。

要点BOX
- ●セルフサービス方式の食料品店が起源
- ●郊外で発達した大型スーパー

スーパーと百貨店の比較

スーパーマーケット

- セルフサービス
- レジのみでの接客
- アルバイト・パート店員中心
- 安価な商品の販売
（日用雑貨品や生鮮食料品などの毎日必要とされる商品）
- 郊外大規模店舗出店
- チェーンストア方式
- 多店舗展開
- 仕入れは本部集中の体制
（全店同一の品ぞろえ）

百貨店

- 売場での接客
- メーカーからの派遣店員中心
- 売場の部門別管理
- 高級品販売
（高級ブランド品など）
- 大都市の中心部などの一等地や繁華街などへの出店
- 単店舗展開
- 仕入れは店舗ごとに行われる

スーパーには「総合スーパー」と「専門スーパー」がある。総合スーパーとは衣食住について広範に商品が取りそろえられているスーパーのことをいう

14 コンビニエンスストアのしくみ

現代社会に適応した小売業ビジネスモデル！

コンビニエンスストアとは、以下の条件を満たす小売業といえるでしょう。

①小商圏の小規模な店舗において生活必需品を幅広くそろえている
②24時間営業かそれに準じる長時間営業
③セルフサービス方式、チェーンストア方式を採用
④ただし積極的なディスカウントは行わない

さらにいえば、大手コンビニエンスストアの多くはドミナント戦略をもとに出店戦略、店舗展開を行っています。

ドミナント戦略とは集中出店方式のことです。各チェーン店を一定区域内に集中して出店させます。通常、商品は物流センターなどから店頭に届けられます。したがって店舗と店舗の間隔が近ければ近いほど輸送コストを削減することが可能となるのです。しかもジャストインタイムで商品を決められた時間に補充する際にも店舗が隣接していれば、配送を正確に行うことができます。

また、大手コンビニチェーンの多くではPOS（販売時点情報管理）システムなどが高度に構築され、店頭情報が本部で統括管理されています。在庫回転率の向上が経営戦略の中軸にすえられています。需要予測、販売予測に基づいた自主商品なども開発されています。

さらに公共料金などの支払い、各種チケットなどの購入、宅配便サービス、ATMサービスなど多様なサービスを消費者に24時間年中無休で提供しています。

大店法などの規制で大型小売店の出店が制限されるなどの背景もあり、日本ではコンビニが欧米以上に普及してきました。

ただし、近年は労働力不足、店舗過剰による過当競争などの課題も出てきており、24時間営業の見直しを行う動きもあります。

要点BOX

- 都市型小規模店舗で単身者、共働き夫婦をターゲット！
- 多様なサービスと情報ネットワークの高度化

コンビニエンスストアの概要

誕生時期	1920年代後半に米国で原型となる形態が誕生。日本では1960年代から70年代にかけて相次いで開店
定義	当初は「売場面積50㎡以上500㎡未満のセルフサービス方式の店舗で、営業時間が12時間以上で、閉店時刻が21時以降の小売店」とされた。だが現在は「小商圏の小規模な店舗において生活必需品を幅広くそろえ、積極的なディスカウントは行わないものの、24時間営業かそれに準じる長時間営業をセルフサービス方式、チェーンストア方式を採用し、行っていく小売業態」
出店拡大の契機	大規模小売店舗法（大店法）の施行 中小企業庁による「コンビニエンス・ストア・マニュアル」の発行とフランチャイズ方式による小型小売店舗の出店の奨励
小売業での位置	1980年代には日本の小売業の中心的位置を占める存在になる。2000年にセブン-イレブン・ジャパンがダイエーを抜いて小売業売上高トップの座につく

コンビニエンスストアの特徴

用語解説

商圏：店舗に集客できる地域などの範囲を商圏という。地域の人口総数や世帯数、店舗からの道路距離、運転時間などをもとに定められる。

15 ドラッグストアのしくみ

若者を中心に幅広い購買層

医薬品のみならず、日用品、化粧品の販売にも力を入れるドラッグストアは若年層を中心に広く支持され、市場を拡大しています。

ドラッグストアはディスカウントストアの一形態と考えられます。ちなみにディスカウントストアは1948年、ルーマニア系米国人のユージン・ファカウフが旅行かばんの格安店「E・J・コーベット」を開いたことが始まりとされています。

ドラッグストアは、チェーンストア方式のもとに、医薬品のみならず、健康食品、美容・ダイエット関連商品、日用品などを幅広く扱うようになりました。1990年代後半から2000年代にかけて急速に発達していきました。さらに近年は、その品ぞろえを充実させています。

インバウンド観光客による「爆買い」に対応して免税店として出店されたり、免税手続きサービスの迅速化が図られたりすることも少なくありません。

また、品ぞろえを充実させる方針などから食品部門をあわせ持ったり、店舗を大型化したりすることで総合スーパーと競合するケースも見られます。

さらにコンビニエンスストアとも、ある程度の競合関係を持つことになりました。深夜営業、24時間営業を年中無休の体制で行う「ナイトマーケット」を意識したドラッグストアも出現しています。

ちなみにナイトマーケットという言葉を最初に使い始めたのは深夜営業の量販店「ドン・キホーテ」です。共働き、単身者の増加などで、深夜遅くに買い出しに出かける若者などが増加しています。24時間で格安品を提供することで、既存のコンビニともスーパーとも異なる市場が開発されました。この深夜市場をナイトマーケットと呼んでいるのです。ドラッグストアの品ぞろえと、ナイトマーケットで求められる需要の相性が良いといえるでしょう。

要点BOX

- ●医薬品、日用品、化粧品、食品などを販売
- ●インバウンドの「爆買い」需要に対応!

ディスカウントストア

1948年、ルーマニア系米国人のユージン・ファカウフが旅行鞄の格安店「E・J・コーベット」を開いたことが始まり

家電量販店などの専門量販店（専門スーパー）は、独自の品質保証制度やアフターサービスの充実、特定メーカーにとらわれない品ぞろえなどを推進

「ナイトマーケット」を意識した専門スーパーも誕生

総合スーパーなどとの差別化を図り、家電小売流通の中心的な存在へと成長

ドラッグストアは、チェーンストア方式のもとに、医薬品のみならず、健康食品、美容・ダイエット関連商品、日用品などを幅広く扱うようになる

紳士服、スポーツ用品、カメラなどの専門量販店なども発展

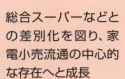

16 SPAとセレクトショップのしくみ

企画・デザインから生産・販売までを一貫管理

アパレル業界から始まった小売業のビジネスモデルに、ユニクロなどのSPA（製造小売業）があります。SPAとはアパレルメーカーが商品企画、生産管理、販売管理を一貫して行うアパレル業界の業態の一つです。プライベートブランド（PB）商品を取り扱うことで情報共有の徹底と物流システムの効率化を実現することが可能になるとされています。

もっともSPAという大枠でくくられることが多いのですが、そのなかにはいくつかのタイプがあります。大別すると、メーカー系のSPAとリテール(小売）系のSPAとに分けられます。ちなみにユニクロはリテール系のSPAです。

また、アパレル業界では独自の視点でさまざまなブランドを取り扱う小売店をセレクトショップと呼んでいますが、ビームス、シップス、ユナイテッドアローズなどはPB商品を売出し、その比率を高めることで消費者に強くアピールしています。そしてこれらのセレクトショップもSPAの範ちゅうに入れるという考え方もあります。

ファストファッションもSPAの発展型と見なすことができますが、流行に敏感ながら安価にトレンド性の高い服を提供しています。その多くは世界的に大量生産・販売を行うため、流行商品の低価格流通が可能となっています。

国内アパレル企業の苦戦を尻目に、海外からは多くのファストファッションブランドが日本市場に参入しています。日本市場の成熟した消費者が有望なターゲットとみなされています。

しかしながら、若者のファッション離れ、高級ブランド離れ、ファッションECへのシフトなどを受け、SPAなどのアパレル商品の売行きも伸び悩み、頭打ち傾向にあります。そのため繊維系ファッション商品以外のファッション性、流行性の高い商品と合わせての販売などの工夫も模索されています。

要点BOX

- ●SPAからファストファッションへの進化
- ●独自の視点で多ブランドを扱うセレクトショップ

SPAとは・・・

SPA

リテール系

- ユニクロなど

メーカー系

- ワールドなど

ファストファッション

SPAの中でも流行に敏感ながら安価にトレンド性の高い服を提供。その多くは世界的に大量生産・販売を行うため、流行商品の低価格流通が可能となっている：H&Mなど

アパレル・ファッション商品の「定番系」と「流行系」

アパレル・ファッション商品

定番系

- 流行や季節に左右されない商品。ベーシックな色とデザインのシャツ、スカート、バッグなどでコーディネートがしやすい。在庫管理や仕入れがしやすい。流行系と合わせて購入するように販売員が勧めることも多い。

流行系

- そのシーズンの流行を象徴する、あるいは引っ張る一連の商品群で、店舗やファッションECに消費者を引きつける吸引力の強い商品。ただし、どれくらい売れるかという需要予測は難しく、生産、あるいは仕入れ過ぎると過剰在庫の原因ともなる。しかし、一定量、仕入れなければ消費者を店舗に引きつけられない。

用語解説

ファッションEC：アパレル企業などがファッション商品などを販売するためにネット上に開設した販売サイトのこと。

17 量販店のしくみと種類

品ぞろえと低価格が魅力！

家電量販店などのディスカウントストア（DS）は、独自の品質保証制度やアフターサービスの充実、特定メーカーにとらわれない品ぞろえなどを行って売上げを伸ばしています。

DSの種類としては、専門ディスカウントストア、アウトレットストア、パワーセンター、ホールセールクラブ（会員制の倉庫型店舗）、ホームセンター、ドラッグストア、百円ショップなどがあります。

家電のヤマダ電機、カジュアル衣料のユニクロ、玩具のトイザらスなどは「カテゴリーキラー」とも呼ばれています。特定分野で安価な商品を販売する量販店のことです。家電、カジュアル衣料品、玩具のほかにもインテリア、文具、OA機器などに絞って販売戦略を展開するカテゴリーキラーもあります。メーカーと直接取引を行うことによって同一部類の小売店舗に致命的ともいえる大きな影響を与えることから、この名がつきました。

アウトレットストアにはリテールアウトレットとファクトリーアウトレットがあります。ファクトリーアウトレットとは、小売店の過剰在庫、返品商品、軽微な傷物などをメーカーが別会社を設立、経由させて低価格で販売するものです。リテールアウトレットでは、百貨店や専門店がプライベートブランド商品などを在庫一掃などの目的でセール販売します。

大都市中心部などに巨大店舗を構える家電量販店は、安価で高性能の家電を手軽に購入できることで幅広い消費者の支持を集めてきました。さらに近年は国内需要だけではなく、インバウンド観光客の爆買いの対象ともなっています。

ただし、近年は量販店の店頭で商品を確認してからネット通販で購入するショールーミングへの対応など、新たなる課題も出てきています。より一層の付加価値の提供を求められる時代となってきたのです。

要点BOX
●特定分野で安価な商品を売るカテゴリーキラー
●小売店頭で商品を見定め、ネットで購入するショールーミング

ディスカウントストア（量販店）とは

衣食住にわたり、幅広く安価で日用品を販売

●専門ディスカウントストア、パワーセンター、ホールセールクラブ、ホームセンター、ドラッグストア、百円ショップなど

ディスカウントストア

カテゴリーキラー

●特定分野で安価な商品を販売する量販店のこと

アウトレットストア

●ファクトリーアウトレット、リテールアウトレット

独自の品質保証制度やアフターサービスの充実、特定メーカーにとらわれない品ぞろえなどを行って売上げを伸ばす

同一地域内にコンビニ、ドラッグストア、ドラッグストア、スーパーなどが乱立するオーバーストア現象が発生し、顧客の奪い合いが激しくなっている

用語解説

ショールーミング：店頭で商品を確認するものの、価格や配送条件などを比較し、ネット通販で購入すること。

18 ショッピングセンターとアウトレットモール

小売店舗の集約で、集客力を強化

ショッピングセンター（SC：ショッピングモールも少しニュアンスは違うがほぼ同義）とは同一の敷地内で開発業者などが開発、管理などを行っている一連の商業サービス施設のことをいいます。

複数の小売店が1カ所に集約することで駐車場などの施設が共用できるというメリットがあります。また買い物客なども集まりやすくなります。

米国では1950年代頃から各地にショッピングセンターが建設されるようになりました。広大な駐車場が設けられ、それ自体が1つの街と呼べるような規模のものも多数、出現しました。また、「ライフスタイルセンター」という「いくつかの専門店を中心に高年齢層が好む比較的、高価な商品を取り扱うショッピングセンター」も登場しました。

日本国内では、1960年代にいくつかのショッピングセンターが開店しました。その時期に開業した代表的なものとして、東京都世田谷区の玉川高島屋ショッピングセンターがあげられます。

そしておもに1980年代以降、郊外などに大型ショッピングセンターが出店されるようになりました。さらに2000年以降、大規模小売店舗法（大店法）が廃止され、大規模小売店舗立地法（大店立地法）が制定されると、ショッピングセンターの数がそれまで以上に増加しました。

さらにアウトレットモールでは、アパレルの有名ブランドなどの直営店を郊外に集中させ、集客力を高めています。安価にファッション性の高い商品を路面店方式でそろえることで、効率良く幅広い選択肢から商品を購入できるようにしています。アウトレットモール内にはフードコートと呼ばれる飲食施設が設けられていることもあります。

ただし、近年はネット通販拡大の影響を受け、米国では多くのショッピングセンター、ショッピングモールが閉店に追い込まれています。

要点BOX

- 大型駐車場を郊外に設置
- 路面店方式で効率的に安価で購入できるアウトレットモール

ショッピングセンター(SC)とは

定義	同一の敷地内で同一の開発業者などが開発、管理などを行っている商業サービス施設
利点	①複数の小売店が1カ所に集約することで駐車場などの施設の共通化が可能 ②複数の小売店への買物を目的に訪問できるために集客能力が大きい
日本最大のショッピングセンター	イオンレイクタウン(埼玉県越谷市)
課題	ネット通販拡大の影響を受け、米国などでは閉店が相次いでいる

超大型ショッピングセンターの出店

超大型ショッピングセンターのイメージ

大型駐車場：
1000台以上駐車可能
店舗面積：
10万㎡以上
テナント数：
150店以上

大規模小売店舗法（大店法）が廃止され、大規模小売店舗立地法（大店立地法）が制定されると
さらに大型店の出店が相次ぐ

●その結果、「ショッピングセンターが地元の歴史ある商店街などの顧客を奪い、伝統的な商圏が崩れていくのではないか」という批判の声もある

19 海外の小売業はどうなっているの？

超大型総合小売チェーンが業界をリード！

「小売業の巨大化」は超大型総合小売チェーンにより世界各国で進んできました。

たとえばフランスを本拠とする欧州最大の流通企業のカルフールは、世界規模の事業展開を行っています。ただしフランスの大規模小売店の出店規制は、日本などと同様にきびしいものでした。大型スーパーマーケットに対する既存小売店の懸念の声が強まってきたことを受けて、売り場面積1000㎡以上の大規模店舗の出店を規制する「ロワイエ法」が1973年に施行されました。

そこでカルフールは国外の比較的、出店規制のゆるやかな海外に目をつけました。そしてそこに欧州統合の流れが重なりました。EU内外の巨大流通企業が大欧州市場に次々と進出し始めたのです。カルフールもフランス国内での事業拡大よりも、「大店舗の出店規制がきびしくない欧州各国への進出を積極的に行うこととしました。70年代以降、ベルギー、スイス、英国、イタリア、スペインなどに進出し、さらに南米やアジア諸国、東欧諸国へと店舗展開したわけです。

カルフール以外にも欧州には、英国のテスコ、オランダのアホールド・デレーズ、ドイツのメトロといったメガ企業がそろっています。そして「低価格で勝負する」というこれまでのスーパーの伝統的戦略から需要予測や在庫管理を重視する現代経営に脱皮していきました。

そして、欧米の巨大小売業は「取引先と情報をいかに共有するか」ということをきわめて重視しています。新商品の開発、棚割管理、商品陳列などにおいて、小売、流通、物流、製造が強力かつ有機的なパートナーシップの構築を目指しているのです。そして自社とパートナー企業を結ぶ先進的な流通情報システムの導入とその高度化をワールドワイドで進めています。

要点BOX
- ●ワールドワイドで進む情報共有
- ●新商品の開発などでパートナーシップを構築

世界の代表的な巨大小売業

米国	ウォルマート・ストアーズ	世界最大の小売業、年間売上高は約5000億ドル
フランス	カルフール	フランス最大の小売業。欧州を中心にグローバル展開
英国	テスコ	イギリス最大の小売業。グローバル展開を推進
オランダ	アホールド・デレーズ	オランダに本拠を置くグローバル小売業
ドイツ	メトロ	ドイツの流通業グループ。百貨店や小売業、会員制卸売チェーンなどを傘下に持つ

出典：諸資料をもとに作成

海外の小売業の動向

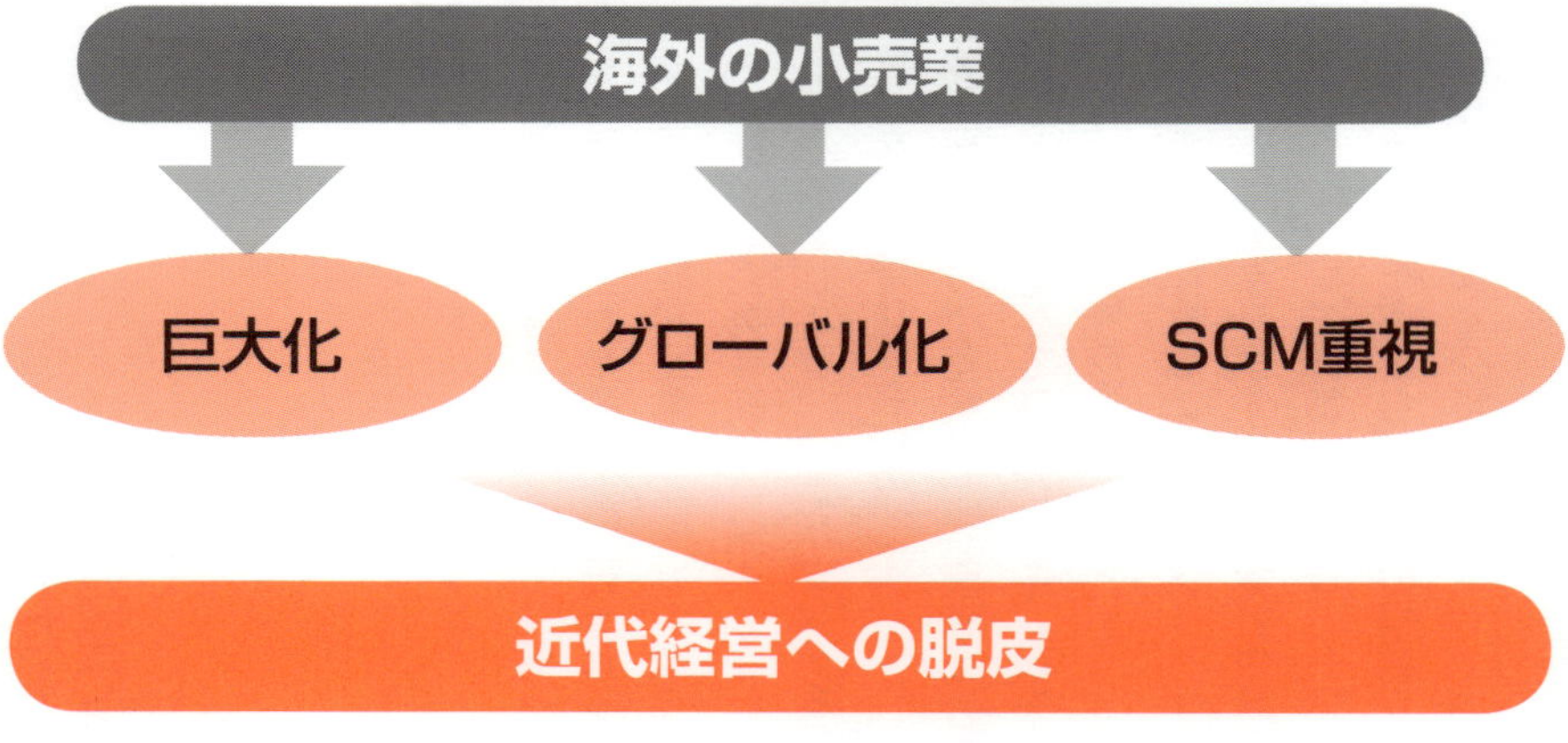

欧米の多くの国では「小売業の巨大化」が進んでいる。また「低価格で勝負する」というこれまでのスーパーの伝統的戦略から需要予測や在庫管理を重視するサプライチェーンマネジメント（SCM）重視の現代経営に脱皮してきている

20 卸売・問屋の機能

メーカーから仕入れて小売業に販売！

メーカーなどから商品を仕入れて、小売業に販売するというのが、卸売業の役割になります。

卸売業には、集荷分散、在庫調整、物流、金融負担・リスク負担という「4大機能」があります。

卸売業はさまざまなメーカーなどから商品を仕入れます。これを「集荷機能」と呼んでいます。ただし卸売業はたんに商品を集めるだけでなく仕分けした商品を小売業に販売します。この機能を「分散機能」といいます。つまりメーカーから卸売業を介して小売業に流れるこの一連のプロセスにおいて、卸売業には集荷分散機能があるわけです。

メーカーから小売業への物流プロセスについても輸配送、保管などにおいて物流センターの運営なども含めて中心的な役割を演じることになります。同時に小売業が必要なときに必要な商品を供給するという在庫調整の機能も有します。

さらにいえばメーカーなどから小売業へのモノの流れだけでなく、カネの流れについても中間媒体としての機能を発揮します。メーカーなどから仕入れられた商品は卸売業によって代金が立て替えられ、小売業からの注文に合わせて集金が行われることになるからです。ただし卸売業がメーカーから仕入れ過ぎてしまえば、小売業は商品を購入しないというケースも出てくるでしょう。つまり少なからず在庫リスクも負わなければならないのです。

しかもメーカーから小売業に渡る段階で万が一、火災や盗難などが発生して商品が損失、紛失した場合には、そのリスクも負わなければなりません。

また、卸売業には小売業の情報とメーカーの情報が集結することにもなります。消費者と生産者の発想や需要のズレについて詳細に知ることもできるわけです。メーカーも小売業も卸売業の情報からマーケットや消費者の動向を分析し、活かしていくことができるのです。

要点BOX

- ●集荷分散、在庫調整、物流、金融負担・リスク負担が卸売業の4大機能
- ●メーカー、小売業の双方に有用な情報を伝達

卸売業の4大機能

卸売業

集荷分散

●さまざまな商品を仕入れ、仕分けした商品を小売業に販売

在庫調整

●必要なときに必要な商品を供給できるように管理

物流

●物流センターの運営なども含めてモノの流れをスムーズに行う

金融負担 リスク負担

●商品に対する支払い、および商品の損失や紛失のリスクを負担

卸売業には小売業の情報とメーカーの情報が集結することにもなる。消費者と生産者の発想や需要のズレについて詳細に知ることもできる

Column

ターミナル百貨店

第一次世界大戦後に、阪急百貨店、東急百貨店などの私鉄のターミナルに電鉄系の百貨店（ターミナル百貨店）が相次いでオープンしました。

ターミナル百貨店とは、日本で独自に発達した百貨店の形態です。ターミナル百貨店の経営母体となったのは鉄道会社です。自社のターミナル駅に乗客を集めるランドマークと百貨店を位置づけ、高級感よりも大衆性を前面に押し出したのです。

ターミナル百貨店の開店には、郊外と都心を結ぶ鉄道網を整備し、その終着駅に私鉄各社が経営する百貨店を建設することで、庶民の関心を鉄道の乗車に向けるという狙いがありました。百貨店には必然的に庶民の消費意欲を掻き立てることが望まれることになったのです。

それまでの百貨店は庶民からは遠い存在でした。三越、白木屋、松坂屋、高島屋などの明治期に誕生した百貨店は、呉服店から転進したため、当初は百貨店の取扱商品は高級品が多かったのです。顧客の多くは富裕層、上流階級でした。けれども、第一次世界大戦後に相次いで誕生したターミナル百貨店により庶民の関心が百貨店に向かうことになりました。同時に勤労所得者層も所得水準、生活水準が向上し、百貨店に足を伸ばして行く財政的な余裕を持つようになりました。そして百貨店もそれまでの高級品中心の品ぞろえから大衆を意識した商品を多く取り扱うようになっていったのです。ターミナル百貨店の登場で大衆消費が加速することになったのです

第3章

小売業のマーケティングとストアマネジメント

21 小売業の機能

品ぞろえ、値付け、配達、広告、顧客管理などが小売業の主要機能！

小売業の役割は主として最終消費者に商品を販売することです。小売業には多くの機能、役割があります。商品の品ぞろえ・陳列などを含む買物環境の整備、小売価格の値付け、配達、広告・宣伝、顧客の情報管理・市場調査などが主な機能です。

商品の品ぞろえを明確にすることによって消費者は、その店で何を買うべきか、何が売られているかがはっきりとわかります。さらにいえば品ぞろえや店舗レイアウトを買物客の視点から戦略的に行う傾向も強くなってきています。

そして品ぞろえを充実させることによって小売店には集客力がつきます。たとえば、八百屋ならば野菜や果物を、電気店ならばテレビ、洗濯機、冷蔵庫などを店頭にそろえる必要があるわけです。

品ぞろえに合わせて在庫の調整も行わなければなりません。人気商品の発注を増やしたり、不人気商品の仕入れをやめたり、返品を行ったりしなければならないのです。

買物客が商品を選びやすいように店内外の環境を整備する必要もあります。店の内装や外装をきれいにしたり、商品を見やすく配置したりする必要もあります。ストアデザインの良し悪しが店舗の売上げに大きく影響します。

チラシやポスター、あるいはテレビ広告などのセールスプロモーションを行い、消費者にどのような商品がどのような価格で売られているかということを知らせることも重要です。

さらにいえば、買物客が容易に運べない商品、あるいは多数購入したために持ち運べないような場合には、小売店が配達の手段を用意するケースも出てきます。

また、商品を購入した顧客に対してアフターサービスや今後の情報提供、あるいは市場調査などを行う必要が生じることもあります。

要点BOX

- ●品ぞろえを充実させ、消費者の購買意欲を刺激！
- ●チラシ、ポスターなどの宣伝広告で集客

小売業の役割と機能

SUPER
SUPER
小売業の役割
最終消費者に販売
品ぞろえ、陳列、値付け
●戦略的に行うことで消費者にその店で何を買うべきか、何が売られているかを明確に伝える
売上げに影響
店頭在庫の調整
CM
広告・宣伝
顧客情報管理
市場調査
集客力を高める
買物客が商品を選びやすいように
店内外の環境を整備する必要もある

22 商業集積とその理論とは？

商業集積とは小売業などが集中した地域の状態

商業集積とは一定の地域的範囲に集中した小売業などの店舗集団のことをいいます。一般に20店舗以上の店舗集団を指します。

商業集積には「自然発生的商業集積」と「計画的商業集積」とがあります。自然発生的商業集積には、長い歴史のなかで自然に形成された商店街などがあります。計画的商業集積には都市計画の一環から開発されたショッピングセンターなどがあります。

そして理想的な商業集積地の条件としては、その地域の潜在的な発展の可能性が高く、多くの人々を集積地に引き込む「小売引力」が強力なことなどがあげられます。小売引力とは商業集積地が顧客を引きつける力のことです。米国学者のウイリアム・ライリーによって発見された「小売引力の法則」というモデルが有名です。小売引力の法則とは都市の引力を人口と距離の関係から定めた数式です。

さらにカリフォルニア大学のデビッド・ハフという学者は消費者が任意の商業集積地を選択する確率を売場面積と集積地までの到着時間の関係から割り出しました。これが「ハフモデル」です。

具体的にいえば、大きなショッピングセンターがあると、それを目指して多くの消費者が買物にやってくるということです。そして多くの消費者はショッピングセンターの周辺の専門店などにも立ち寄ることを考えます。商業集積が大きく近くにあれば、そこに訪れる人々も増えるというわけです。

また商品にライフサイクルがあるように、商業集積地にも「立地ライフサイクル」があると考えられています。小売店舗数の増減などを幼年期、成長期、成熟期、衰退期の４段階に分けて考えます。立地ライフサイクル上の段階によって小売引力が変化するというわけです。立地ライフサイクルを綿密に分析すれば小売業などの経営戦略の有力な指針となるというわけです。

要点BOX

- ●商業集積には「自然発生的商業集積」と「計画的商業集積」がある
- ●多くの人々を集積地に引き込む「小売引力」

商業集積とは

商業集積

一定の地域的範囲に集中した小売業などの店舗集団

自然発生的商業集積

●長い歴史のなかで自然に形成された商店街など

計画的商業集積

●都市計画の一環から開発されたショッピングセンターなど

小売引力の法則

●ウイリアム・ライリーによって発見。都市の引力を人口と距離の関係から定めた数式

立地ライフサイクル上の段階によって小売引力は変化

立地ライフサイクル

●小売店舗数の増減などを幼年期、成長期、成熟期、衰退期の4段階に分けて考える

小売業などの経営戦略の有力な指針

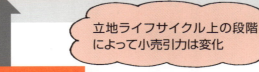

23 小売商圏の分析

小売店などが顧客を引きつける地理的範囲

小売店などが顧客を引きつける地理的範囲を小売商圏、またはたんに商圏といいます。

ちなみに商圏の購買力、消費者行動、競合状況、交通条件件などをリサーチし、明らかにすることを「商圏分析」と呼んでいます。

都市における商圏は第一次商圏、第二次商圏、第三次商圏に売上比率などを考慮して決められます。

たとえばある都市に大規模ショッピングモールを建設する場合、その建設予定地を第一次商圏、近隣の既存大型スーパー周辺を第二次商圏、古くからある地元商店街を第三次商圏といったように考え、境界線を設定します。鉄道の線路や河川などが自然の境界線となって、それぞれの商圏を決定することもあります。

一般に商圏の決定と分析にはハフモデルが使われます。ハフモデルでは人口、距離、小売店舗面積規模の３つの因子の変化を計算することで商圏範囲を導き出すことができます。

日本では旧通商産業省が日本の実情に合わせてハフモデルをわかりやすく簡略化した「修正ハフモデル」を完成させ、大規模小売店舗法の調整に用いました。新しい大型店の開店によって商圏内の消費者数がどのように変化するかを予測したのでした。

ハフモデルにより、大型店の商圏の範囲、消費者人口の増減、店舗間の競合関係、消費者購買行動の現状、出店予定の大型店の小売引力、近隣商店街への影響などが算出できます。そしてこうした予測をふまえて、出店予定の大型店の売場面積の適正規模を客観的に判断するのです。

多くの小売業やコンサルティング会社が戦略的な出店展開にハフモデルを活用しています。ただし緻密な商圏分析にはハフモデル以外のさまざまなマーケティングリサーチを行い、対象エリアの状況を多面的、多角的に掌握する必要もあります。

要点BOX

- ●商圏の購買力、消費者行動、競合状況などを分析
- ●ハフモデルで出店予定の大型店の影響を分析

ハフモデルとは

ハフモデル

**「消費者がある商業集積地で買物をする確率は
売場面積の規模に比例し、そこまでの時間距離に反比例する」**

ハフモデルの公式

$$P_{ij}=\frac{\left(\dfrac{S_j}{T_{ij}^{\lambda}}\right)}{\left(\displaystyle\sum_{j=1}^{n}\frac{S_j}{T_{ij}^{\lambda}}\right)}\cdots\cdots\cdots\rightarrow E_{ij}=P_{ij}\cdot C_i$$

P_{ij}：買物出向比率（地域 i の消費者が商業地 j に買物に行く確率）
S_j：売場面積の規模
T_{ij}：消費者が商業地に買物に行く所要時間
E_{ij}：消費者の商業集積地における買物出向期待数
C_i：地域 i の消費者数
λ：地域 i から商業集積地にいたるまでの道のりにある、河川、危険地帯、スクランブル交差点などの抵抗要因のパラメータ
n：店舗施設数

商圏の購買力、消費者行動、競合状況、交通条件などを調査分析することを「商圏分析」という。この商圏分析にハフモデルを利用する

24 小売業の立地条件

都市型か郊外型かで大きく変わる戦略

小売業のビジネスの成否において、店舗をどの地域にどのように構えるかということに大きく左右されます。そのため、小売業は出店にあたって、立地選定・調査、商圏分析、販売予測などを綿密に行う必要があります。

まず立地の選定および調査を入念に行けければなりません。なお、店舗の立地タイプは都市型と郊外型に大別できます。

都市型店舗とは、駅前などの利便性の高い立地で、買物客の多くが徒歩により来店するタイプの店舗です。駅前の百貨店、専門店などが該当します。都心部の駅へのアクセスに売上高が大きく左右される傾向があります。ただし、来店客数は多くても客単価は低いことも少なくありません。

また、近年は駅前ではなく、駅自体の内部に店舗を構えてしまう「エキナカ」（駅中）というビジネスモデルもあります。ターミナル駅内に飲食店のみならず、食品、アパレル、書籍、日用品などの店舗を構え、乗降客をダイレクトに呼び寄せるのです。

さらにいえば、百貨店の「デパ地下」を模して、遊園地、遊戯場などの娯楽施設内に出店することもあります。

エキナカやデパ地下は、「来客数の予測がしやすい」「一定数の来店者が常時確保できる」といったメリットがあります。ただし、その反面、売れ筋商品や定番商品が施設の性質・特性に左右されます。

他方、郊外型は、マイカーなどでの来客を前提に大型で駐車場も備えられている店舗が多く、シャトルバスを出しているケースもあります。

一例をあげると、御殿場プレミアム・アウトレットは自動車、バス、あるいはマイカーでの来店が原則となっています。

一般に郊外型の場合、都心型に比べ、客単価が高く、大型商品の売行きが良い傾向があります。

要点BOX

●来店客数が多いエキナカ、デパ地下
●大型で客単価の高い郊外型店舗

小売店舗の出店までのプロセス

店舗

↓

立地選定・調査、商圏分析、販売予測などを綿密に行い、出店

エキナカとデパ地下

エキナカとは

東京、大阪、京都、品川などの主要ターミナル駅内に飲食店のみならず、食品、アパレル、書籍、日用品などの店舗を構え、乗降客をダイレクトに呼び寄せる店舗街

デパ地下とは

百貨店の地下にある食料品売場のこと。老舗や名店、地方の特産物、惣菜、弁当、スイーツ、酒などを扱う。地下に食料品を集めることで、地下鉄や地下駐車場から直接、上がってくる買物客が集まりやすい

25 小売業の売場作り

店舗の売上高を大きく左右！

小売業では店舗の売場作りはたいへん重要です。売場の品ぞろえや品種・品目構成、商品陳列などに店舗の売上高は大きく左右されます。フロア構成、売場構成、陳列物の量と位置などを戦略的に練る必要があるのです。

売場作りを考えるにあたって、まず買物客がどのような動線で店内を歩いていくのかを考えてみましょう。

買物客のなかには「興味を引きつけられる商品をなんとなく探してみる」というケースが少なくありません。それゆえ、人気商品や売れ筋商品、定番商品などは探しやすく、手に取りやすい場所にあることが望ましくなります。

また、何を買うのかを決めている買物客もいます。そうした買物客には商品探しにあたって、見やすい、探しやすい売場となっている必要があります。

売場の内装を販売している商品群の雰囲気やイメージに合わせることも重要です。たとえば赤い色は購買意欲を高める色として知られています。買物客に「買いたい」という気持ちを強く持ってもらえるような色使いが内装を考えるうえでも重要になります。ただし、内装や売場構成がいつも同じであれば、買物客が目新しさを感じなくなることもあります。新商品の入荷や季節の変わり目などに売場レイアウトや内装を適時、変えてみるという工夫も必要になります。

また、アパレル店舗ではVMD（ビジュアルマーチャンダイジング）という考え方が取り入れられることがあります。VMDとは、店舗における品ぞろえやコンセプトを視覚的に表現する方法です。ターゲット顧客を定めて、その顧客にとってどのようなライフスタイルが望ましいかという提案を売場の内装、レイアウト、品ぞろえを工夫することによって表現するのです。

要点BOX

- ●買物客の動線を把握
- ●探しやすく、手に取りやすい売場

売場作りのポイント

店舗の売場作り

↓

フロア構成、売場構成、陳列物の量と位置などを戦略的に考える

売場の品ぞろえや品種・品目構成、商品陳列などに店舗の売上高は大きく左右

たとえば・・・

買物客

「興味を引きつけられる商品をなんとなく探してみる」

「すでに買うものを決めている」

↓

人気商品や売れ筋商品、定番商品など：探しやすく、手に取りやすい場所

VMD（ビジュアルマーチャンダイジング）とは

買物客に対してディスプレイを中心に、視覚的に商品の魅力を訴える手法
①ディスプレイでのブランドイメージの演出
②マネキンなどの効果的な活用
③陳列レイアウトの工夫
などがポイント

26 売れる店舗の照明の工夫

全体照明と局所照明のバランスを重視

小売店舗は照明を工夫することで売行きも変わってきます。よく売れる店を見ると、いろいろな効果を持つライトをうまく使って、購買意欲を高める演出をしていることがわかります。どのような照明を用いるかは内装とのバランスを考えたうえで決めることが多いようです。

また、店内だけではなく、ショーウィンドーの照明にも工夫をこらす必要があります。たとえば、ウィンドーの奥側や壁面を明るく照らしたり、特定の場所にスポットライトを当てたりすることで商品に視線が集まりやすくなることもあります。

店舗照明のベースを作るには全体照明と局所照明のコンビネーションとバランスをうまくとることです。全体照明は店舗全体を広くカバーする基調となる照明です。店内の照度を調整し、明るくしたり、暗くしたりします。そしてそのうえで、局所照明でスポットライトを当てるなどするわけです。なお、商品への照明の当て方については直接照明とするか、間接照明にするか、商品特性や売場特性などをふまえて判断するようにします。

また照明器具を工夫することで店内の雰囲気は大きく変わります。シャンデリアなどを使えば豪華、高級感が打ち出せますし、ペンダント型の照明などを使って、おしゃれ感を出すこともできます。

ちなみに買物客を店内に誘引する照明演出として、「サバンナ効果」があります。サバンナ効果とは、店舗の入口から見て、奥側の壁面の照度を高く設定することで、店舗全体の見通しが良くなるという効果です。店舗入口から見て奥まで明るく見通せることで、買物客が安心することができ、店内に入って行きたいという気持ちも強くなってくるのです。

また店内に間接照明を多用すると、来客が落ち着いてくつろげるという効果があり、飲食店などでは好んで用いられます。

要点BOX

- ●ライトの効果を組み合わせ購買意欲を刺激
- ●スポットライトの活用で商品を演出

効果的な店舗照明のポイント

店舗照明

全体照明と局所照明のコンビネーションとバランスを重視

全体照明

- 店舗全体を広くカバーする基調となる照明。店内の照度を調整し、明るくしたり、暗くしたりする

局所照明

- 要所にスポットライトを当てるなど店内に間接照明を多用すると、来客が落ち着いてくつろげるという効果

商品への照明の当て方については直接照明とするか、間接照明にするか、商品特性や売場特性などをふまえて判断

27 小売店舗レイアウトのポイント

魅力ある商品を上手に陳列

店舗の印象はレイアウトに大きく左右されます。

まず主力商品を店舗のもっとも目につく場所に置くようにします。主力商品にいたる通路は通りやすく、案内パネルやPOPなどを効果的に配置する必要もあります。また主通路には順路に沿って、魅力のある商品を並べるようにします。

また、棚割の概念も大切です。小売店の商品が並んでいる陳列棚（ゴンドラ）を「棚」、そこに商品を並べるレイアウトを「棚割」といいます。通常、商品の入れ替わりの多い時期に棚割が行われます。あまり売れない商品は「カット商品」として棚から外され、店頭から姿を消すことになるのです。

商品陳列も大切です。小売店舗はたとえ立地が良く、品ぞろえが充実していても、商品の陳列がきちんと行われていなければ、来店客の購買意欲を減退させたり、リピート客数の減少の大きな要因となったりします。いかに来店客が購入し、購買意欲を刺激できるように商品陳列を行うかということは店舗運営を成功させるための重要な要因です。

商品陳列を戦略的に行うことで、客単価を上げることも可能になります。

来店客の購買意欲が刺激されるかたちで商品陳列が行われていれば、「あの商品を買うためにこの店に来た」という来店目的となった商品のみならず、その商品と関連する商品もあわせて買う可能性が高くなります。たとえば、歯磨き粉のそばに歯ブラシが置かれていれば、歯磨き粉と歯ブラシをまとめて購入する可能性が高くなるのです。

小売店舗では店頭にショーウインドーなどを設けて買物客が立ち寄り寄りやすくなるように工夫することが多くあります。また直接、店頭に商品を並べるのではなく、店舗全体のイメージを連想させる飾りつけが行われることもあります。レイアウトの工夫で売上高は大きく変わってくるのです。

要点BOX

- ●店舗レイアウトの工夫で客単価を向上
- ●買物客のストレスを軽減し、リピート客数を増加

店舗設計の目的

店舗設計

店外レイアウト

●店を効果的に演出し、顧客を引きつけ、購買活動を促進

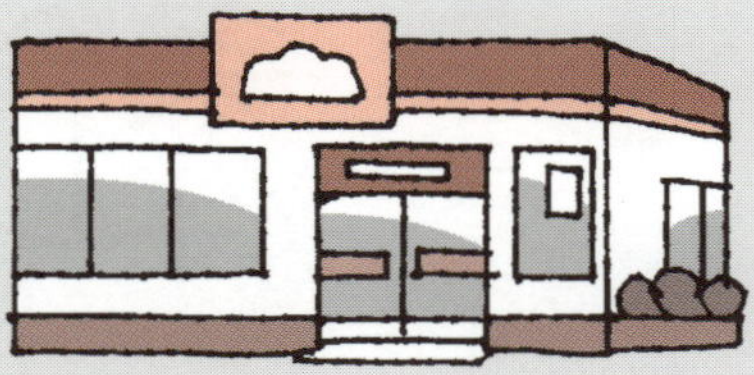

店内レイアウト

●買物客などがストレスを感じることなく商品を購入しやすいと感じるレイアウト

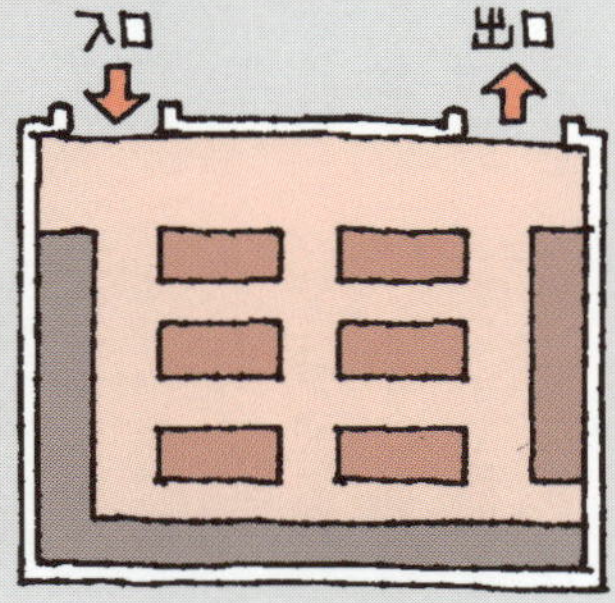

●人間工学の立場から商品を見やすく感じる照明や商品陳列、天井の高さなどへの配慮が必要

物品販売業などの小売店の標準的なスペック

入口・高さ	2.5m前後
内部天井の高さ	3m前後（人の目線は1.5m前後）
通路の幅	1.2m以上（2人分の肩幅）
陳列台の幅	1.35m前後

出典：諸資料をもとに作成

28 ストアオペレーションの充実の条件

従業員同士の意思の疎通を徹底！

ストアオペレーションとは、店舗における日々の業務、実務のことです。小売業が販売目標を設定し、それを達成するためには、ストアオペレーションの充実は欠かせません。ストアオペレーションを円滑に行うためには、まずはその店舗がどのようなコンセプトでどのような商品を売っているのかを理解する必要があります。その店への来客が望む商品やサービスについてしっかりと理解しなければなりません。そのためには正社員のみならずパート、アルバイトも含めての朝礼やミーティングをきちんと行い、意思の疎通を徹底しておく必要があります。

販売の現場は毎日、違う顔を見せます。たとえば、雨や雪が降れば、晴れの日とは異なる対応が必要になることも少なくありません。「今日の仕事はどのように進むのだろうか」「新しいことが何かあるのだろうか」といった気構えで朝礼に臨む姿勢が求められます。

また、従業員同士、「今日も一日、よろしくお願いします」と声を掛け合うことで、職場の雰囲気も明るくなり、仕事に打ち込む意欲も湧いてきます。同時に、責任者である店長が従業員、パート、アルバイトなどと定期的に個別に面談を行い、職場での悩み、要望などに耳を傾けたり、長所を伸ばしたり、一緒に各自のビジネスキャリアについて考えたりすることも大切です。個人面談を小まめに行い、内容などを充実させることでチームワークも良くなります。従業員はさまざまな悩み、疑問について共感してもらったり、適切な助言をもらったりすることでやる気や気力が出てきます。

さらに従業員同士で、接客マナーについてロールプレイで練習をしてみるのもよいでしょう。販売技術や固定客、リピート客を増やすための顧客満足をいつも考えるようにします。顧客ファーストを考えながらの接客が売上高を伸ばすことにつながります。

要点BOX
- ●朝礼や面談を重視して情報を共有
- ●ロールプレイで接客マナーを修得

効率的なストアオペレーションに必要なスタッフ管理

ストアオペレーション

店舗における日々の業務、実務

店舗がどのようなコンセプトでどのような商品を売っているのかを理解

↓

重要

朝礼・ミーティング

会社・店舗の方針などの理解と確認、店舗のコンセプトなどの明確化、新しい試みなどの指示、陳列状況、売れ筋商品、重点商品の確認、在庫状況の把握、店内外の清掃、商品および什器、トイレ清掃のチェックなど

面談

従業員、パート、アルバイトなどと定期的に個別に面談を行い、職場での悩み、要望などに耳を傾けたり、長所を伸ばしたり、一緒に各自のビジネスキャリアについて考えたりする。個人面談を小まめに行うことで、店舗スタッフのチームワークが向上

ロールプレイ

商品の説明、販売などの場面について具体的状況を設定して接客マナーや交渉の練習をする。またあいさつや笑顔の練習を定期的に行う。一見客、固定客、リピート客などで接客を柔軟に変えて対応できるようにする

従業員教育を徹底させて、顧客ファーストを考えながら接客マナーなどの向上を図ることが、売上高を伸ばすことにつながる

29 ストアオペレーションの業務フロー

商品販売の一連の流れを管理

ストアオペレーションの中心となるのは、レジ業務と販売業務になります。ほかに発注・仕入れ業務、荷受け・検収業務も重要です。

販売業務としては、来客の商品探しを手伝い、購入にあたっての有力な選択肢となるべき商品を見つけて、必要ならば使い方を説明し、関連商品を紹介します。さらに顧客が商品の購入を決めたならば、待たせることなく、円滑にレジ業務を行います。これら一連の業務をきちんとできるかどうかで来客頻度や売上高が影響を受けることも少なくありません。

ストアオペレーションには商品の発注、仕入れに関する業務もあります。

商品を販売し、在庫が少なくなる、あるいはなくなれば、それに合わせて補充の発注をかける必要があります。商品の売行きを見定めて、必要な商品を必要な数、仕入先に発注することで補充しなければならないのです。さらにいえば、「補充のための発注がいつ頃必要になるのか」「売切れてはいないが品薄になっている商品はないか」といった店頭での在庫状況についても気を配る必要があります。

なお、発注、仕入れ業務を行った商品は後日、入荷してくることになりますが、その際の荷受け、検収も重要な業務です。

配送されてくる商品の納品伝票を担当者が受け取り、その伝票と実際の納品と個数が合致しているかどうかを確認するのです。これが検収と呼ばれる業務です。検収にあたっては、商品の数量だけではなく、「不良品や破損品がないか」といったことも入念にチェックします。また、「誤納品」と呼ばれる注文した商品と異なる商品が入荷した場合は、すみやかに仕入れ元に連絡するようにしましょう。

また、買物客が来店しやすい店舗となるようにPOPや案内板を適所に設置したり、商品棚を整理整頓したりするのも重要な業務です。

要点BOX

- ●レジ業務の充実で売上高を向上
- ●補充発注のタイミングを管理

ストアオペレーションの概要

ストア オペレーション

レジ業務

● 商品の購入後、迅速かつ円滑にレジで会計

販売業務

● 来客の商品探し・商品購入のサポート、関連商品の紹介

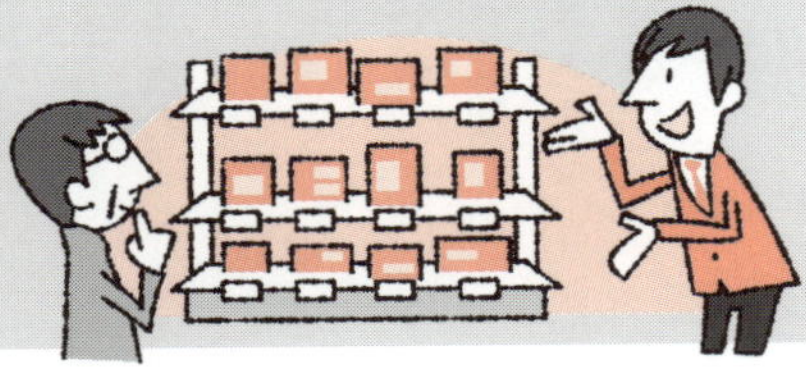

荷受け・検収業務

● 配送されてくる商品の納品伝票を担当者が受け取り、その伝票と実際の納品と個数が合致しているかどうかを確認

発注・仕入れ業務

● 商品の売行きを見定めて、必要な商品を必要な数、仕入先に発注・補充

POPや案内板を適所に設置したり、商品棚を整理整頓したりするのもストアオペレーションの重要な業務

30 マーチャンダイジングの定義と機能

「消費者」だけではなく「買物客」を分析

マーチャンダイジングとは「消費者はどのような商品を購入しやすいと考えるのか」という視点から商品の価格を決定し、流通戦略を構築することをいいます。「その商品がなぜ優れているのか」を消費者に理解してもらうことで販売力を強化していくことを狙います。商品の調達、仕入れ、物流、品ぞろえ、売場レイアウト、価格決定、棚割りなどの戦略策定と、販売促進計画、宣伝・広報、陳列、受注発注・補充などの店舗レベルでの実務を有機的に組み合わせ、構築していくのです。

マーチャンダイジングをいかに行うかというプランを策定するためには「消費者」だけではなく「買物客」（ショッパーズ）の分析を綿密に行う必要があります。そして「どのように商品を買いそろえていくか」ということを念頭に品ぞろえを再構築していくことになります。

たとえば家電小売店の店頭には通常、テレビ、ラジオ、洗濯機、掃除機、コンセント、バッテリー、乾電池などさまざまな家電関連商品が並べられています。しかし、平均的な買物客が「テレビもパソコンも洗濯機も掃除機もみんな一度にまとめて購入する」というケースは少ないはずです。「パソコンを買ったら、ソフトウエアの解説書と軽食、それと清涼飲料水がほしい」と考える買物客も少なくありません。そしてそれならば、パソコンと一緒にお菓子や本を売ったほうが効果的ということになります。コンビニでお弁当と乾電池と週刊誌を売っているのはこうした「ショッパーズ（買物客）行動」を入念に分析しているからといってもよいでしょう。

マーチャンダイジングは供給側の論理ではなく、需要側の論理による商品開発・販売に対するアプローチです。消費者サイドから企業の開発・販売する商品を決定しそれを買物客の立場にたって店頭にそろえていくのです。

要点BOX
- ●「どのような商品が購入しやすいか」を判断
- ●商品を買いそろえていく視点に注目

マーチャンダイジングとは・・・

マーチャンダイジング

- どのような商品が購入されやすいかを考え、商品の価格を決定し、流通戦略を構築すること
- 「その商品がなぜ優れているのか」を消費者に理解してもらうことで販売力を強化していく

供給側の論理ではなく需要側の論理による商品開発・販売に対するアプローチ

「その商品がなぜ優れているのか」を消費者に理解してもらうことで販売力を強化していく

ショッパーズ分析の必要性

「どのように商品を買いそろえていくか」ということを念頭に品ぞろえを再構築

マーチャンダイジングにより消費者サイドから企業の開発・販売する商品を決定し、それを買物客の立場に立って店頭にそろえていく

31 小売店舗の商品構成

売れ筋商品の欠品を回避！

商品構成は小売店舗の売上げに大きな影響を及ぼします。

多くの店舗では人気商品、売れ筋商品を欠品なくタイムリーに供給することが生命線にまでなっています。実店舗の運営においては店頭の商品構成に欠品が発生しないように注意することも重要です。

とくにファッション関連商品などのように流行の目まぐるしい商品を販売する場合、品ぞろえを充実させることが重要になります。他店にはない商品を多くそろえることも大切です。

ただし同時に、流行の変化の激しい商品を管理する場合、「いかに死に筋商品の発生を防ぐか」ということが大きなポイントともなります。商品構成が流行遅れの商品ばかりになれば業績は大きく悪化する恐れも出てきます。

また季節変動、気候変動にもすみやかに対応しなければなりません。季節を先取りし、商品をそろえていく必要もあります。

こうした点を考慮して、多くの店舗では商品情報、在庫情報などの情報共有を重視し、「売れ筋商品の欠品」と「死に筋商品の在庫処理」を両立させるべく努力が行われています。

商品の構成は、人気商品や売れ筋商品が中心となりますがそれだけでは十分とはいえません。いわゆる定番商品と呼ばれる「固定客が多く、確実に売上げが見込める商品」も重要です。またあまり売れなくても利益の大きい厚利少売型の商品も必要です。

さらには、「売れる可能性は小さいがその商品があることで集客力が高まる」という見せ筋商品があることで商品構成にメリハリが出てきます。

消費者にとって、「買物に出かけるたびに新しい発見が見られる」ということが魅力ある店舗の条件でもあります。さまざまな商品がバランス良く置いてあることで消費者はショッピングを楽しめるのです。

要点BOX
- ●人気商品、売れ筋商品を中心に商品を構成
- ●売れなくとも集客力の大きい見せ筋商品

売れ筋商品と見せ筋商品

商品構成

マーケティングリサーチ手法
マーチャンダイジング理論
などの活用

各商品の特性、
売行きなどを考慮

薄利多売型商品

よく売れるが儲けは少ない

↓

売れ筋商品

厚利少売型商品

あまり売れないが売れれば儲けが大きい

↓

儲けられる商品

薄利少売型商品

売れないし儲からないが店頭映えするし話題になる

↓

見せ筋商品

厚利多売型商品

よく売れるし儲けも大きい

↓

優良な稼げる商品

32 仕入れ計画と発注

定量発注法と定期発注法を理解！

小売店舗の仕入れをしっかりやるのは発注法の理解が不可欠です。発注法のベースとなる考え方は「定期発注法」と「定量発注法」の2通りに大別できます。またさらに細かく分類すると定期定量発注法、不定期定量発注法、定期不定量発注法、不定期不定量発注法に四分できます。

定期発注法とは商品についてある程度の期間の販売計画を立てたうえで発注を行って適正在庫を維持していくやり方です。

定量発注法とは基準の在庫量となる「発注点」をあらかじめ設定する方式です。したがって定期定量発注法とは定期的に同じ量を発注する方式です。

不定期定量発注法（ダブルビン方式）とは、不定期に決まった量を発注する方式です。

定期不定量発注法とは発注方法は月次、週次、日次など定期的であるが発注量は次の発注までに予測される量とする発注法です。発注の時期は月次、週次、日次など定期的であるものの、発注量は次の発注までに予測される量とする発注法です。在庫が過剰にならないようにモニタリングを怠らないようにする必要がありますが、現実的な発注方法として評価されています。多くの企業で取り入れられている一般的な発注法です。

不定期不定量発注法は、「必要なときに必要なだけムダ、ムリ、ムラなく供給する」という観点からすると理想的な発注法といえるかもしれません。需要の変動に対する適応性が高い。曜日波動、月末集中、季節波動などへの対応力にも優れています。もっともそのオペレーションは容易ではありません。

ただし、ジャストインタイム方式の普及により「必要なときに必要なモノをムリ、ムダ、ムラなく管理する」という視点がこれまで以上に重視され始めている近年の傾向を反映して、不定期不定量発注法を実践する企業事例も増えつつあります。

要点BOX

- 基準の在庫量となる「発注点」をあらかじめ設定
- 不定期に決まった量を発注する不定期定量発注法

定期発注法と定量発注法

定期発注法

商品についてある程度の期間の販売計画を立てたうえで発注を行って適正在庫を維持していくやり方。定期的に決まった量を発注

メリット

- 定期発注法は長期的に需要が安定していて販売予測の立てやすい商品に適している

デメリット

- 商品サイクルが短かったり、流行や季節の変化に左右されやすかったりする商品には不向き

定量発注法

当初定めた安全在庫量、適正在庫量を割り込んだときにはじめて決まった量を発注

メリット

- スムーズな補充発注を促進！

活用のポイント

- 適正在庫量を柔軟に設定し、出荷データなどをふまえたうえで在庫管理を行うのが望ましい
- 発注の時期については月次、週次、日次など、定期的に設定し、適正在庫量だけを小まめに変更していく方法もある

33 POSシステムの活用で売上げを増やす！

性別、年齢別などのデータで購買傾向を分析！

小売業の運営を考えるうえで販売分析はきわめて重要です。性別、年齢別、地域別などで買物客の購買傾向は異なることになります。どのような商品がどのような購買層に売れているのかを可能な限り詳細に分析する必要があるのです。また店舗における購買の時間帯、曜日ごとの売行きなどについてもデータを集めておく必要があります。

こうした小売店における一連の情報をしっかり管理するシステムがPOS（販売時点情報管理）システムです。POSシステムによって商品別の売上げ情報、販売状況などを単品単位で掌握し、管理するのです。

POSシステムは、レジなどで個々の商品のバーコードを読み取り、品名、型名、販売個数、単価などを把握するものです。多くの小売店やコンビニ、スーパーマーケットなどで使われる流通業向けのシステムやレストラン、居酒屋などで導入されている外食業向けのシステムなどが存在します。

流通業にとっては、レジ業務の省力化、在庫管理の効率化、受発注管理の合理化、売れ筋商品・死に筋商品などの迅速な把握、店舗内の商品陳列レイアウトの適正化、顧客管理の高度化など、導入には多くのメリットがあります。

外食業でも在庫管理の効率化、献立・調理管理の合理化、顧客稼働率の向上などの利点があります。

また、食品メーカーなどもPOS情報を掌握することによって、生産計画の迅速な変更や新商品開発にあたっての綿密なマーケティング分析などが可能になるのです。たとえば、コンビニエンスストアのセブン-イレブンの成功の要因の一つとしてPOSシステムの早い時期からの導入が指摘されます。店舗の売上情報を詳細に管理、活用することが商品開発や出店戦略などにも活用されました。もちろん、現在でもシステムの高度化が日々進められています。

要点BOX

- ●個々の商品のバーコードの読み取り
- ●レジ業務の省力化、受発注管理などの合理化

POSシステムのしくみ

POS（販売時点情報管理）システム

↓

商品別の売上情報、販売状況などを単品単位で掌握し、管理

レジ

個々の商品のバーコードを読み取り、品名、型名、販売個数、単価などを把握

発注情報など

システムサポートセンター／本部ホストコンピュータ

出荷指示

物流センター

生産指示

工場

POSシステムの端末

店舗コンピュータ

スキャナーターミナルなど

↓

POSレジスター

インプットされた販売情報を店舗コンピュータで分析・確認、システム、サポートセンター／本部ホストコンピュータなどにも送信

Column

アパレル製造卸

アパレル業界では通念上は卸売業と思われる企業を「メーカー」と呼ぶことを慣行としています。

多くの他産業の製造業は自社で企画し、工場で生産を行い、完成した製品を卸売業、販社などを通して、小売業で販売させるというプロセスを持っています。しかし、アパレル業界の場合、そのプロセスが他業界とはいささか異なります。実際の工場を持つアパレル製造業とは、縫製メーカー、ニットメーカーなどのことであり、アパレル製造卸などからの受託生産を請け負っているのです。

さらにいえばアパレル製造卸は通常の卸売業の機能とは異なる機能を持ちます。

一般に卸売業は完成品や製造業の製品を小売業に販売する橋渡しをしますが、「原材料部品などを独自で調達し商品を企画する」という機能は持ち合わせていないことが多くなります。

だがアパレル製造卸の場合は、アパレル商品のデザイン、企画を自ら行い、受託先の工場、アパレル製造業と密接な協力関係を築いているのです。ちなみにアパレル卸という場合、製造機能のない卸専業、集散地卸商を指します。

さらにいえばSPAとも呼ばれるアパレル製造小売は、アパレル製造卸とアパレル小売業の機能をあわせ持つ業態です。商品企画、生産管理、販売管理を一体化して行えることが大きなメリットとして認識されているビジネスモデルでもあるのです。小売の諸情報を商品企画や生産計画に反映し、タイムリーで効率的な商品管理、物流管理ができるという利点があります。

ちなみにアパレル専門店が製造卸の機能を補完して、製造小売になるケースとアパレル製造業、あるいはアパレル製造卸が小売機能を追加するケースとがあります。もっともアパレル製造卸は必ずしも十分に機能しているわけではなく、経営的に大きな転機を迎えています。

アパレル卸

卸売専業

アパレル製造卸

商品を企画し、アパレル工場に依頼

アパレル製造小売

アパレル製造卸+アパレル小売業

第4章

業界別の流通のしくみ

34 鮮度が命の食品

鮮度を保つ効率的で迅速な流通システムの必要性！

「食品流通」といっても、さまざまな商品の流通が考えられます。ここでは農産物、畜産物、水産物などの流通を見ていきましょう。

農産物はだれもが毎日必要となるという性質から多頻度小口・少量購入が原則となります。したがって、商品の鮮度を保つ効率的でスピーディなシステムの構築が必要となります。

こうした背景を反映して、農産物、畜産物、海産物などは卸売市場流通を通じて行われることが原則となっています。

たとえば、農産物には中央卸売市場と地方卸売市場があります。卸売市場での流通プロセスに関わるのは卸売業、売買参加者（スーパー、量販店など）、買出人（一般小売店）などです。また、卸売市場内に店を構え、卸売業から仕入れた商品を一般小売店などからの買出人に販売する「仲卸業」の存在も重要です。そして卸売業が売買参加者などに卸しを行います。また、産地直送型の流通システムやスーパーなどによる契約栽培ルートなども広がっています。

畜産物の流通は、畜産業により生産された生体が農協を経由して屠畜《とちく》施設で検査を受け、解体され、食肉問屋へと渡ります。さらにそこから一般小売店などに流通していきます。ただし大手食品加工会社などによる直営農場からの流通も増えています。

水産物の流通は産地卸売市場に水揚げされた魚介類などが持ち込まれ、卸売業がそれをセリや入札で取引します。その後、消費地卸売市場で小売業などに販売されます。冷凍の輸入品などは商社経由などで国内に持ち込まれます。

なお食品流通における卸売業の役割はきわめて重要です。たとえば酒類・食品の卸売業である国分グループは、約60万アイテムに及ぶ商品を取扱い、酒類・食品の流通システムの中軸としての役割を担っています。

要点BOX

- ●卸売業から仕入れた商品を一般小売店などの買出人に販売
- ●水揚げされた水産物を産地卸売市場で取引

食品業界の流通チャネル

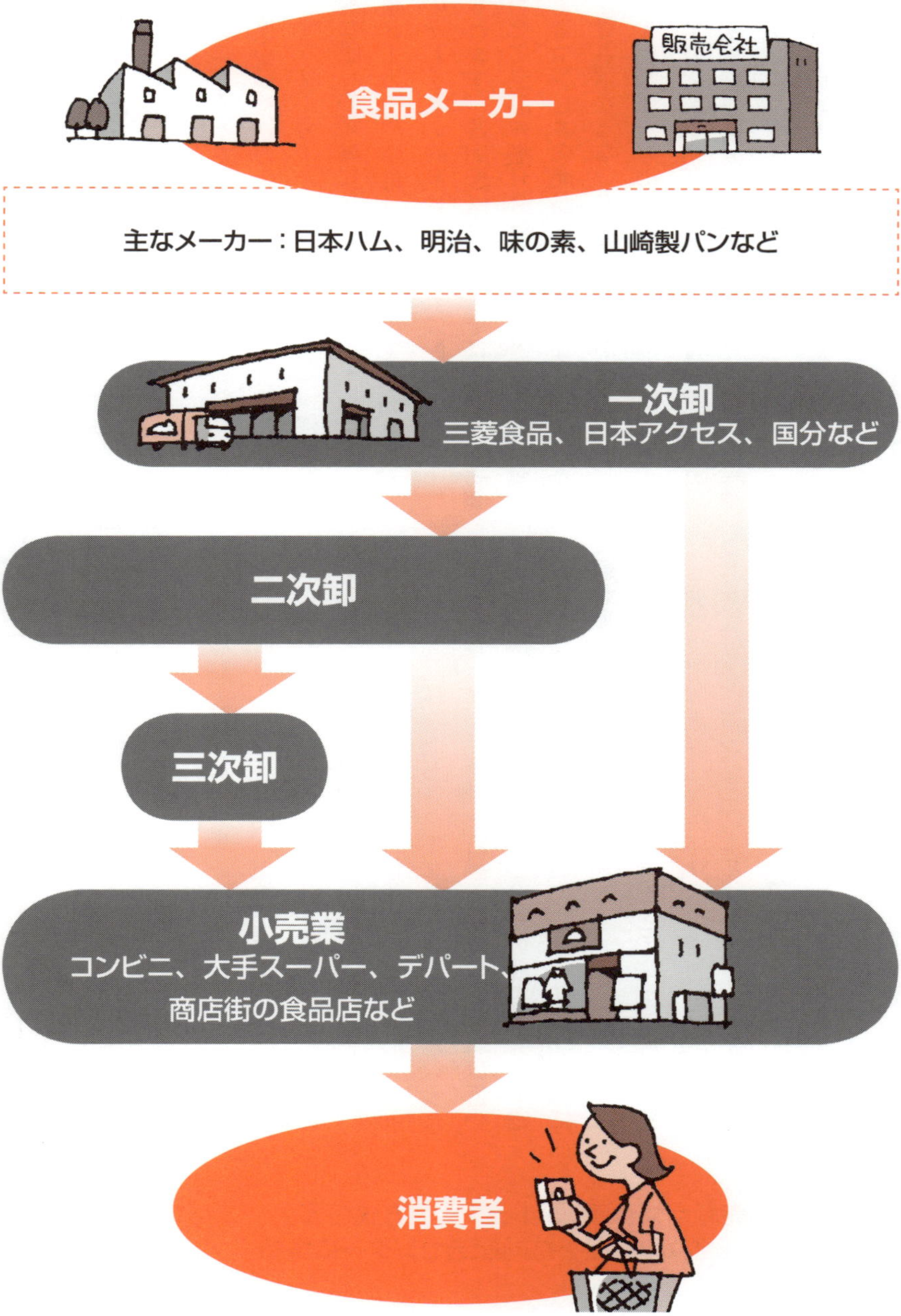

35 多頻度小口化を図るコンビニ弁当・惣菜

多頻度小口で毎日供給する流通システム！

コンビニで売られる弁当や惣菜の流通経路は毎日の多頻度小口輸送が大前提になります。また卸売業を通さず、メーカーから直接、仕入れて、流通経路も可能な限りの短縮化、圧縮化を図っています。

惣菜メーカーや牛乳メーカー、加工食品メーカーなどのそれぞれの商品は毎日、共同配送センターに集められます。共同配送センターでは配送先の店舗に合わせて商品が振り分けられます。その際、重要なことはコンビニの商品はさまざまな温度帯ごとに扱わなければならないということです。

たとえば惣菜などの保温温度と冷凍食品やアイスクリームなどの保温温度は異なります。弁当も定温での温度管理が必要ですが凍らせたり、極度に冷やして輸送したりするわけにはいきません。

また、在庫削減、販売時点情報管理（ＰＯＳ）のデータを分析し、販売計画を綿密に構築する必要もあります。多頻度小口配送を成功させるには緻密な需要予測も不可欠といえましょう。

さらにドミナント戦略（集中出店方式）を店舗展開に取り入れ、配送網の圧縮化を進めることも重要です。ドミナント戦略とは集中出店方式のことです。各チェーン店を一定区域内に集中して出店します。通常、商品は物流センターなどから店頭に届けられます。したがって店舗と店舗の間隔が近ければ近いほど輸送コストを削減することが可能で、弁当や惣菜のように毎日、多頻度小口の物流が必要な商品に適しています。

大都市での単身者、共働きなどの増加で弁当・惣菜産業の市場拡大が期待されています。そうした流れを受けて、コンビニによるプライベートブランド（ＰＢ）の弁当などの開発も進んでいます。冷凍食品としてコンビニの店頭に並べて、販売の際に電子レンジなどでコンビニの店頭で解凍するというタイプの弁当・惣菜も出てきています。

要点BOX
- ●販売時点情報管理とドミナント方式の導入
- ●それぞれの商品を共同配送センターに集結

コンビニ弁当・惣菜の流通チャネル

配送網の圧縮化

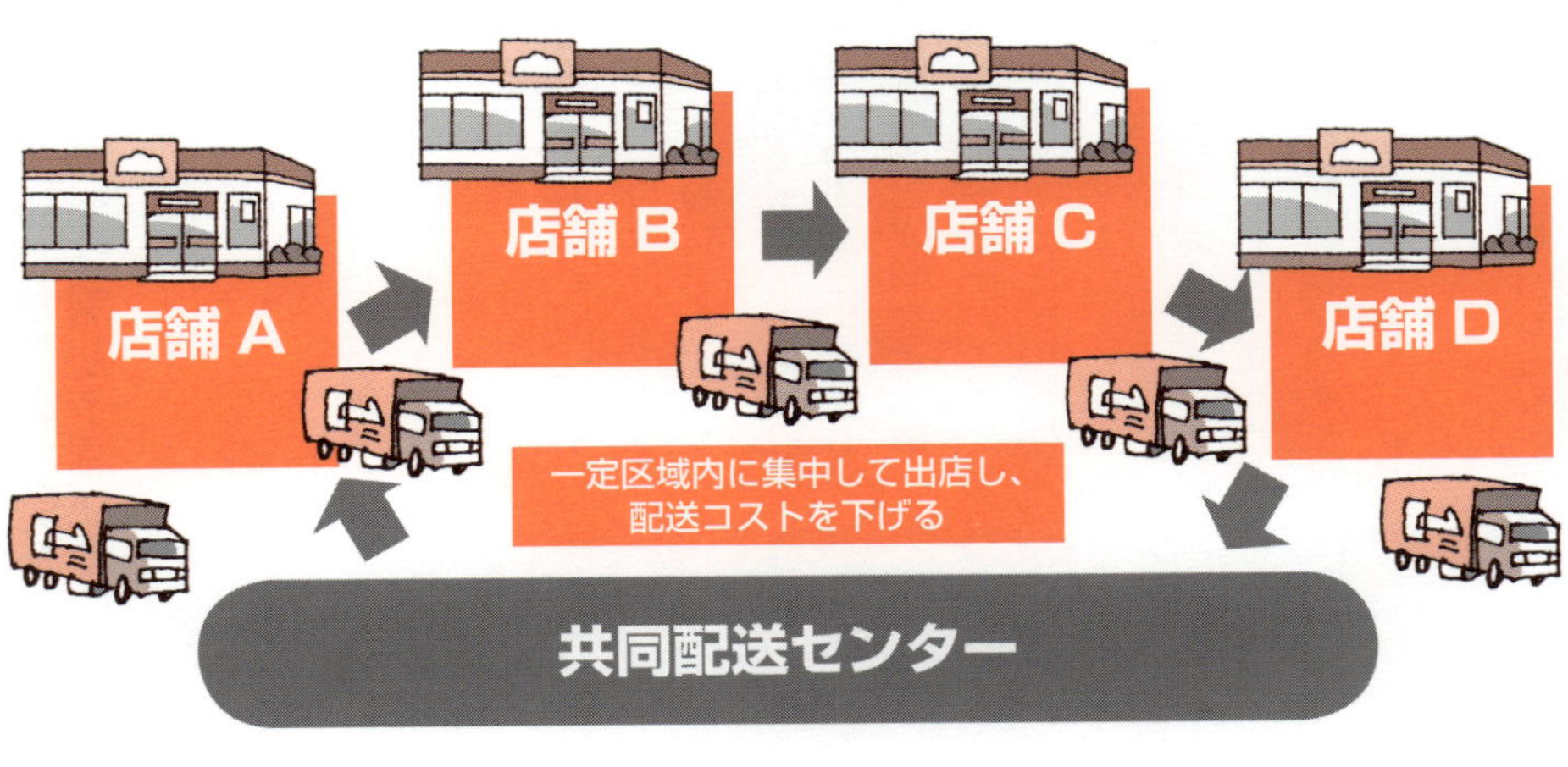

36 需要予測が困難な流行衣料品

不確かな要因が多く、綿密な需要予測が困難！

衣料品の流通は季節、ファッショントレンド、流行などの不確かな要因に売上げが大きく左右されます。そのため商品の需要予測が難しく、流通システムの効率化が大きな課題となっています。

流行商品の場合、そうでない商品よりも綿密な多頻度小口での需要予測が必要となります。しかし衣料品の場合、シーズン前の予測がはずれ、不良在庫となってしまうケースが多々あります。

たとえば、暖冬なのに厚手のコートをたくさん生産してしまえば売れ残ることは明らかなわけです。こうした点をふまえながら、アパレルメーカーは下請け縫製企業や直営縫製工場などに商品を発注します。アパレル業界ではメーカーは卸売業としての機能も備えた「製造卸」となることもあります。縫製メーカーや二次卸、小売店などへの影響力を保持するケースもあります。

さらには製造業と小売業の両方の機能を持つSPA（製造小売業）や短リードタイムで流行を反映させたファストファッションという業態がとられることもあります。

また輸入高級ブランド商品などの場合には、海外アパレルメーカーと国内アパレルメーカーとの間に商社などが入り、ライセンス契約を締結するというケースも見られます。この場合、国内アパレルメーカーは国内、中国などの縫製メーカーなどに発注します。そしてライセンス契約商品を二次卸などに販売します。生産された商品は二次卸からデパート、量販店、専門店などによって消費者に販売されるわけです。

海外アパレルメーカーから国内販売代理店を経て、デパートや専門店、セレクトショップなどで売られることもあります。なお、この場合も商社が流通ルートなどをコーディネートすることがあります。近年はネット通販市場が拡大を続けています。

要点BOX
- ●卸売業としての機能も備えた「製造卸」
- ●製造業と小売業の両方の機能を持つSPA

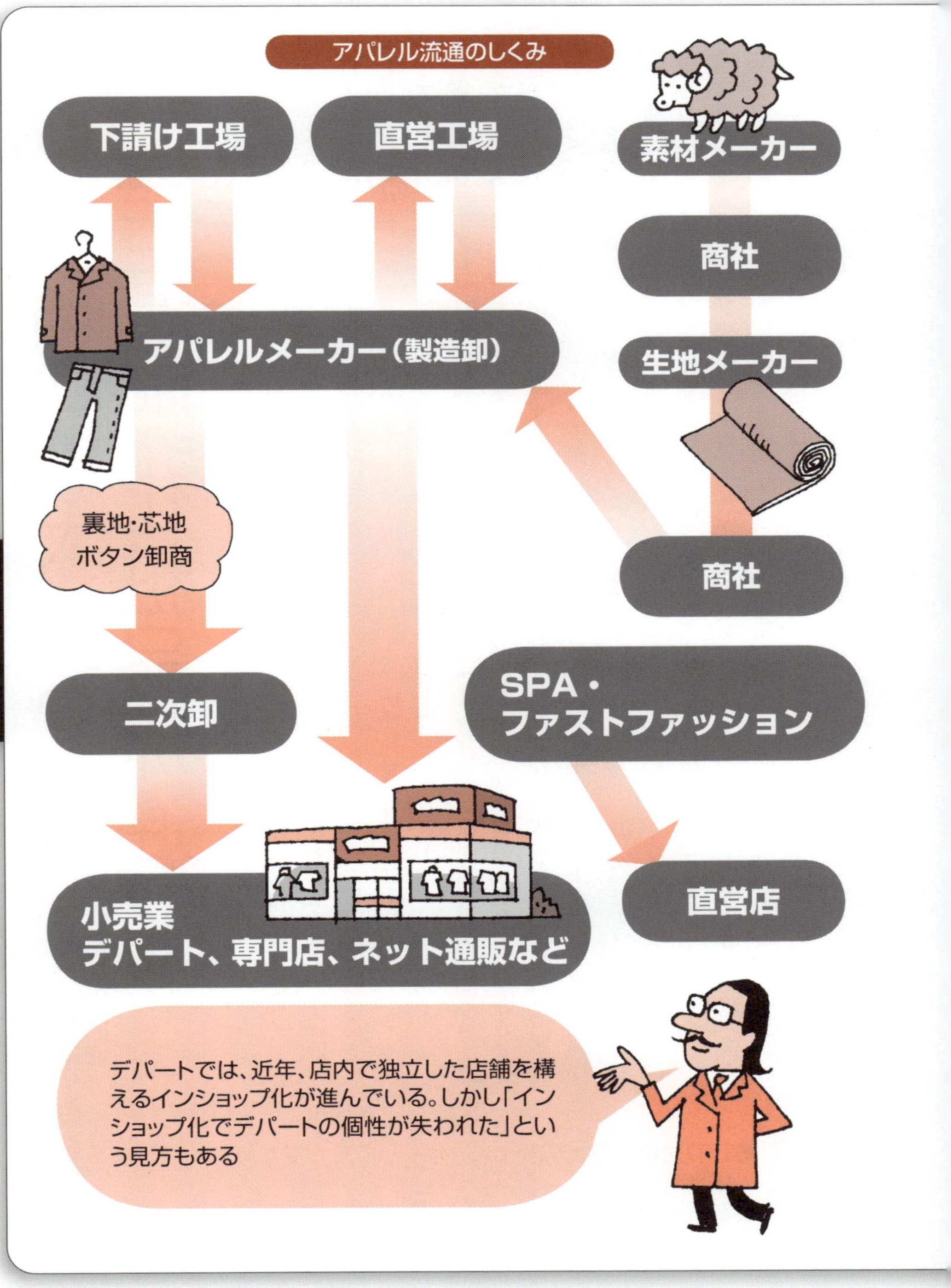
アパレル流通のしくみ
下請け工場
直営工場
素材メーカー
商社
生地メーカー
アパレルメーカー（製造卸）
裏地･芯地
ボタン卸商
商社
二次卸
SPA・
ファストファッション
直営店
小売業
デパート、専門店、ネット通販など
デパートでは、近年、店内で独立した店舗を構えるインショップ化が進んでいる。しかし「インショップ化でデパートの個性が失われた」という見方もある

37 販路が拡大する医薬品、化粧品流通

メーカー主導の医薬品・化粧品の流通！

医薬品の流通システムはOTC医薬品（「要指導医薬品」と「一般用医薬品」）と医療用医薬品とに分けて考えます。

OTC医薬品の場合、メーカーから専門の卸売業を経て、薬局の店頭に置かれるというルートが一般的です。しかし、医療用医薬品卸売業もOTC医薬品を扱っているケースがあり、そこから薬局へと流れるケースもあります。また、メーカーから直接、自社チェーンの薬局や営業所に入り、そこで販売されるということもあります。

医療用医薬品の場合、各メーカーから医療機関に自社製品の取り扱いなどを説明するメーカー係員が派遣され、価格を含むさまざまな販売条件について交渉が行われます。医薬品卸売業はメーカー係員が交渉した販売価格で医療機関に医薬品を販売します。メーカーから直接、医療機関が医薬品を購入することもあります。そのため、卸売業の立場は決して強くはありません。

化粧品流通においてもメーカーが主導となります。資生堂、カネボウ化粧品などの大手メーカーは販社網などを通じて、デパートなどの売場に販売員を派遣します。販売員は美容相談に応じたり、品ぞろえや商品管理を行ったりします。

日本メナード化粧品、ポーラなどの訪問品メーカーは販売員を直接、消費者の家庭などに訪問させます。いわゆる対面販売の形式がとられているわけです。

海外ブランドや中小メーカーなどは、専門の卸売業を通して、一般の小売店、スーパー、ドラッグストアなどに商品を販売します。大手メーカーがこの流通チャネルを利用することもあります。

ちなみに化粧品市場は少子化の影響を受け、海外に販路を拡大する必要に迫られています。中国などのアジア市場でも、商品についてのノウハウのある販売員がこれまで以上に必要となってきています。

要点BOX
- ●OTC医薬品の流通はメーカーから卸売業を経て薬局に
- ●販社の美容部員がデパートで化粧品を販売

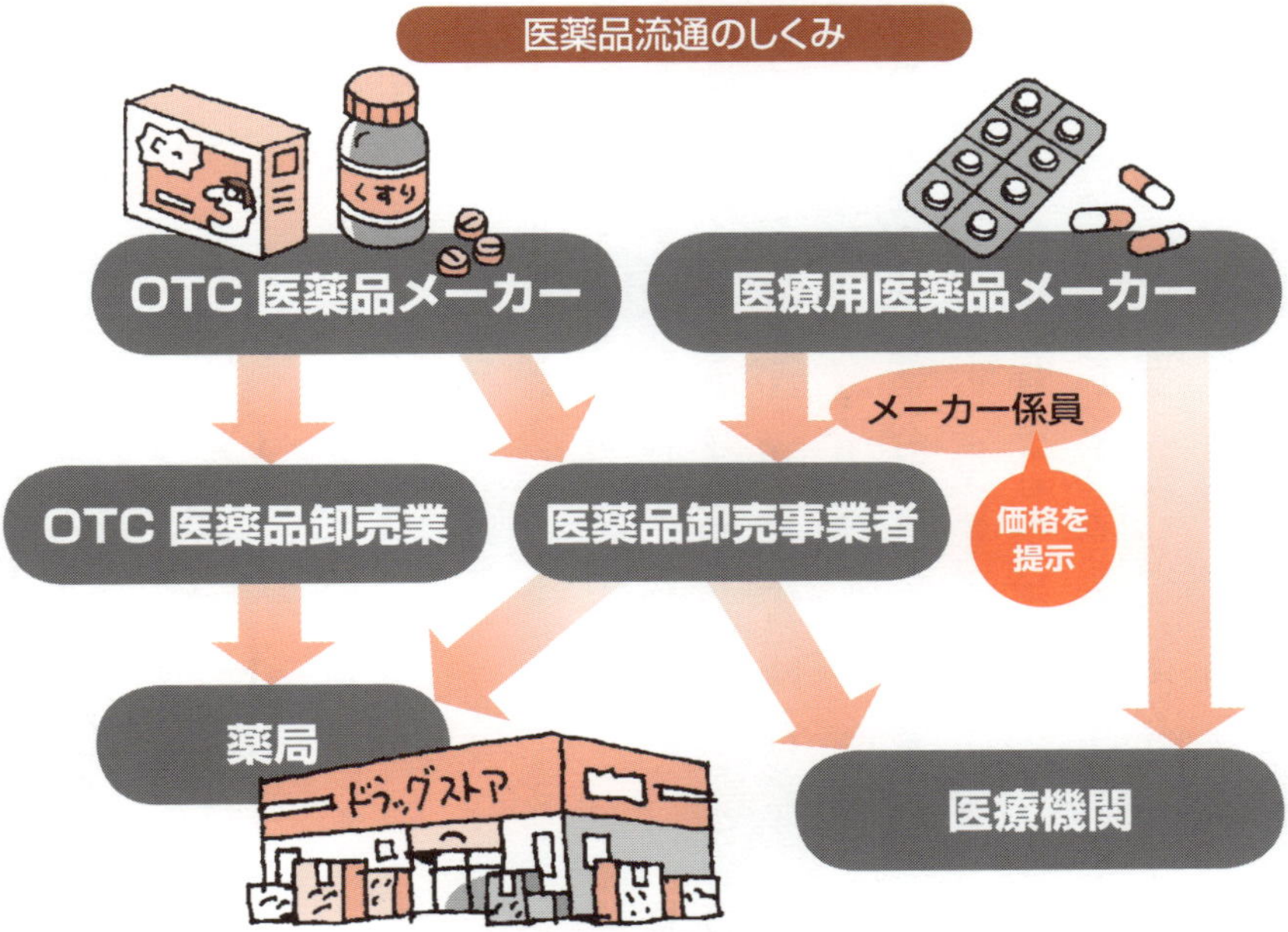

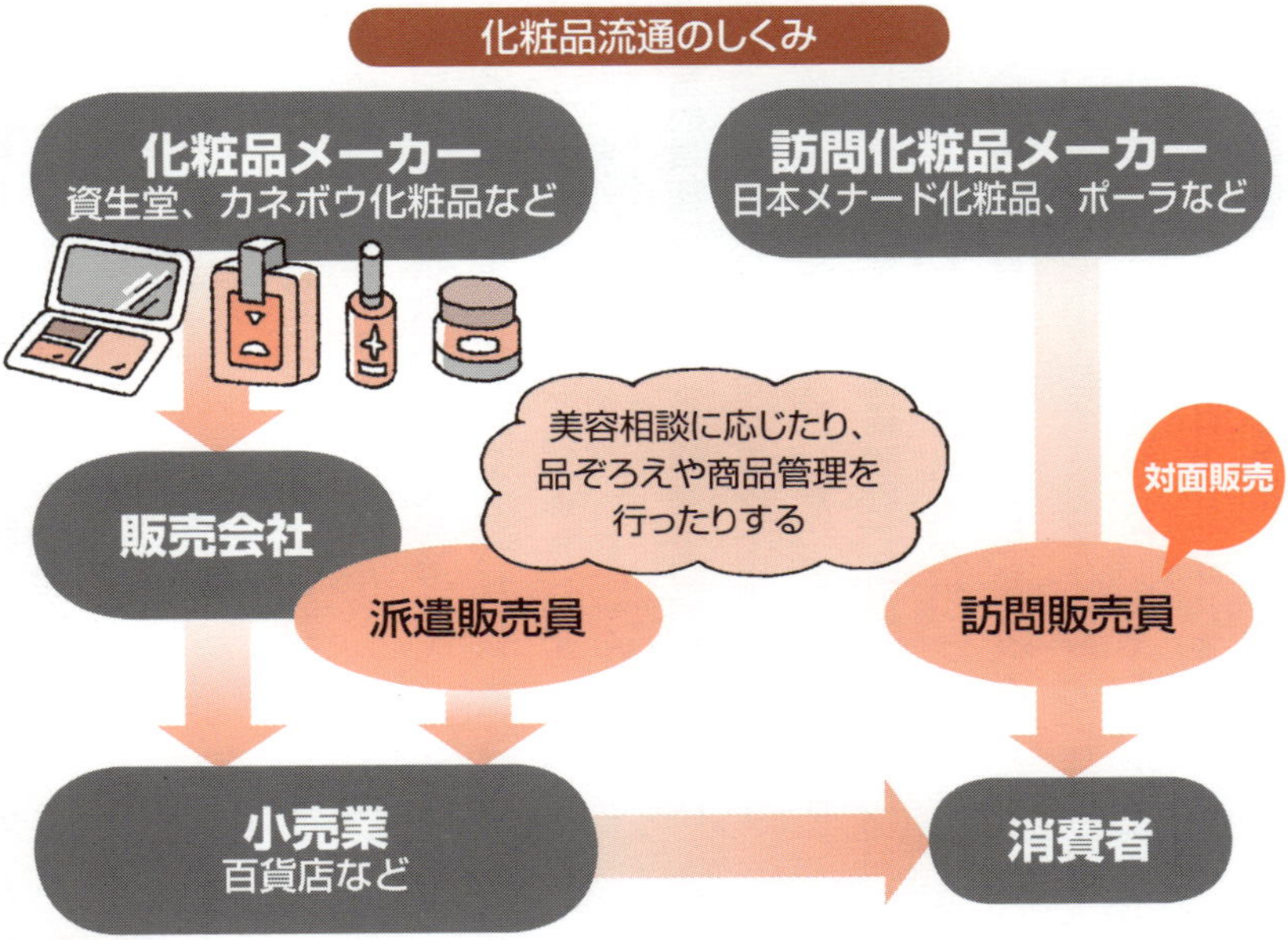

用語解説

OTC医薬品：薬局で自分で選んで購入可能な「要指導医薬品」と一般用医薬品を指す。国際的表現として「大衆薬」などに代わり、呼称が使われるようになった。

38

共同物流で効率化を進める日用品業界

物流改革で流通プロセスを効率化！

日用品とは、日常生活に使用する洗剤やトイレタリー用品、キッチン用品などのことです。一般に日用品はメーカーから卸売業などを経由してドラッグストアなど、小売店の店頭に商品を並べます。多頻度の小口発注やバラ納品が基本となります。

日用品業界で代表的なのは花王の物流改革です。物流改革を行うことで流通プロセスを効率化するという発想でした。同社は1970年代以降、ロジスティクスの高度化に力を入れてきました。いち早く物流拠点の集約化を進めたりしました。また量販店向けに電子発注システムを導入するなど、IT武装の強化にも他社に先駆けて取り組み始めました。

さらに在庫戦略についても、適正在庫量に十分の注意を払い、売れ筋商品や定番商品の在庫切れについては極力、回避するようにしました。このように花王は業界最先端ともいえるロジスティクス戦略を推進してきました。

他方、競合他社は物流においては大同団結する姿勢を固めていきます。花王のライバルであるライオンなどが選んだ選択肢は共同物流の導入でした。

1987年にライオン、十条キンバリー、ネピア、エステー化学などが商品の共同保管、卸店への一括輸送を「共同配送実験」というかたちで始めました。物流の量的増加に対応し、多頻度小口納品の増加によるトラック輸送の積載効率の低下に歯止めをかけることが導入の目的となりました。さらに2016年からは「日用品共同物流研究会」により、次世代物流共同化を視野に入れた取り組みが始っています。

化粧品流通は百貨店の1階に商品を並べるなど、女性向けの高級品として販社を経て、高級店の店頭に並べられるというのが基本的なビジネスモデルでした。しかしながら、近年はドラッグストアの店舗数増大などの傾向を受け、日用品と化粧品の垣根も次第に低くなりつつあります。

要点BOX

- ●次世代共同物流の構築を検討
- ●低くなる日用品と化粧品の垣根

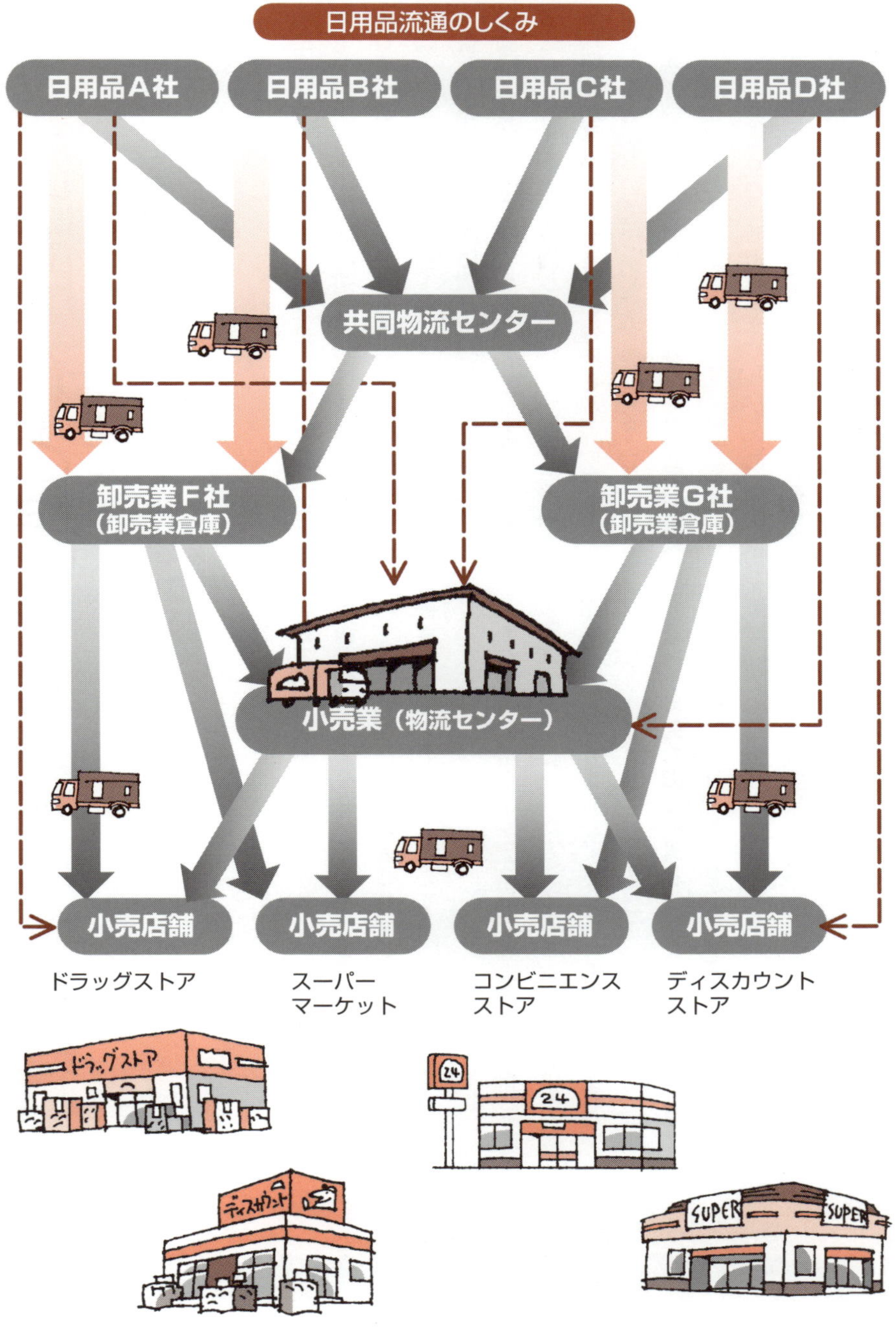
日用品流通のしくみ
日用品A社
日用品B社
日用品C社
日用品D社
共同物流センター
卸売業F社
（卸売業倉庫）
卸売業G社
（卸売業倉庫）
小売業（物流センター）
小売店舗
小売店舗
小売店舗
小売店舗
ドラッグストア
スーパー
マーケット
コンビニエンス
ストア
ディスカウント
ストア
ドラッグストア
24
ディスカウント
SUPER
SUPER

39 出版社と読者を結ぶ書籍流通

活字文化を守るために必要な再販制度！

書籍の流通システムは出版社、出版販売会社、書店などによって構築されています。

出版社でつくられた書籍は日本出版販売（日販）やトーハンなどの「出版販売会社」に集約されます。そしてそこから書店などの店頭に渡り、最終消費者が購入できるというわけです。

書籍、雑誌などの出版物は出版社がそれぞれの小売価格として定価を決めます。そして小売業である書店がこれを定価で販売します。いわゆる「再販売価格維持制度」（再販制度）が採用されています。

なお書籍において再販制度を適用することは独占禁止法で認められています。出版物が一般商品と異なり、種類がきわめて多いためです。新刊書籍だけで年間およそ8万点もあります。しかも各出版物はそれぞれ著作権があります。したがって消費者がその莫大な出版物から1冊の愛読書を選び出すのは容易なことではありません。そこで消費者が手にとって書籍の良さを実感できる、陳列販売方式による再販制度が行われているのです。だが米国などでは出版業界の再販制度は撤廃されています。米国の書籍の再販制度は1929年の世界恐慌の際に書籍販売のてこ入れ策として導入されました。しかし現在は書籍をディスカウント販売するのが当たり前となっています。

また電子書籍やオンデマンド形式の「注文してから印刷する」といった方法での希少書や学術書の販売も普及してきました。さらには中古書籍をきれいにクリーニングして、「新古本」として安価で販売するビジネスも広く浸透しています。しかし書籍は重要な文化であり、ヤミクモな「価格破壊」により地域間での価格差を生じさせる懸念も出てきます。そしてそれは「文化破壊」や「文化レベルの格差」にもつながる恐れがあります。その点もふまえての慎重な対応が望まれます。

要点BOX
- ●陳列販売で書籍の良さを実感
- ●オンデマンド方式で希少書、学術書を保護

オンデマンド形式や、電子書籍の普及で希少書や学術書の寿命も長くなってきた。しかしその一方でネット書店に押され、地場の書店が閉店するケースも増え、深刻な社会問題となっている

40 メーカー主導が崩れた家電・パソコン

主導権を握る家電量販店とネット通販

家電、パソコンなどの流通は国内メーカーの場合、系列の販社から販売小売店を経由して、消費者の手に渡ることになります。電機業界は流通系列化の典型のようにいわれてきました。

1950年代以降、電機メーカーの販社が盛んに創設されました。そして60年代後半になると全国をくまなくカバーする流通ネットワークが構築されました。家電製品の流通は販社を通して行われてきたわけです。販社はメーカーが設立したものばかりではなく、独立した卸売業者や特定メーカーの担当部門から転じたものも多く見られます。

メーカーにとって販社制度を活用することの最大のメリットは、小売価格をチェックし、安売りの抑制を容易にできるということでした。販社を中軸において系列下に置いた小売店で自社製品を販売するというビジネスモデルが実践されてきたわけです。

ただし、電気機器メーカー各社にとって、家電販売における系列店の占める売上シェアは低くなりました。併売型量販店の台頭などが念頭に置かれ、系列小売店中心の販売は限界に達しました。消費者は商品知識を身につけ、併売型量販店で安価な商品を購入するようになりました。また消費者は、海外から安価な輸入家電が入ってきたり、故障の少ないデジタル家電が普及したりしたことで、修理しながら長く商品を使用し続ける必要もなくなってきました。消費者が従来型の特定メーカーの系列の小売店から購入するメリットが小さくなってきたわけです。家電量販店にもサービス窓口が開設され、緻密なアフターサービスが行われるようになりました。また、ネット通販で購入する消費者も増加の一途をたどっています。

消費者のニーズが多様化の一途をたどるなかで、電機メーカーの流通経営は大きな岐路に立っているといっても過言ではないでしょう。

要点BOX
- ●ネット通販で手軽に家電購入
- ●量販店から消費者へという流通モデルの浸透

家電・パソコン流通のしくみ

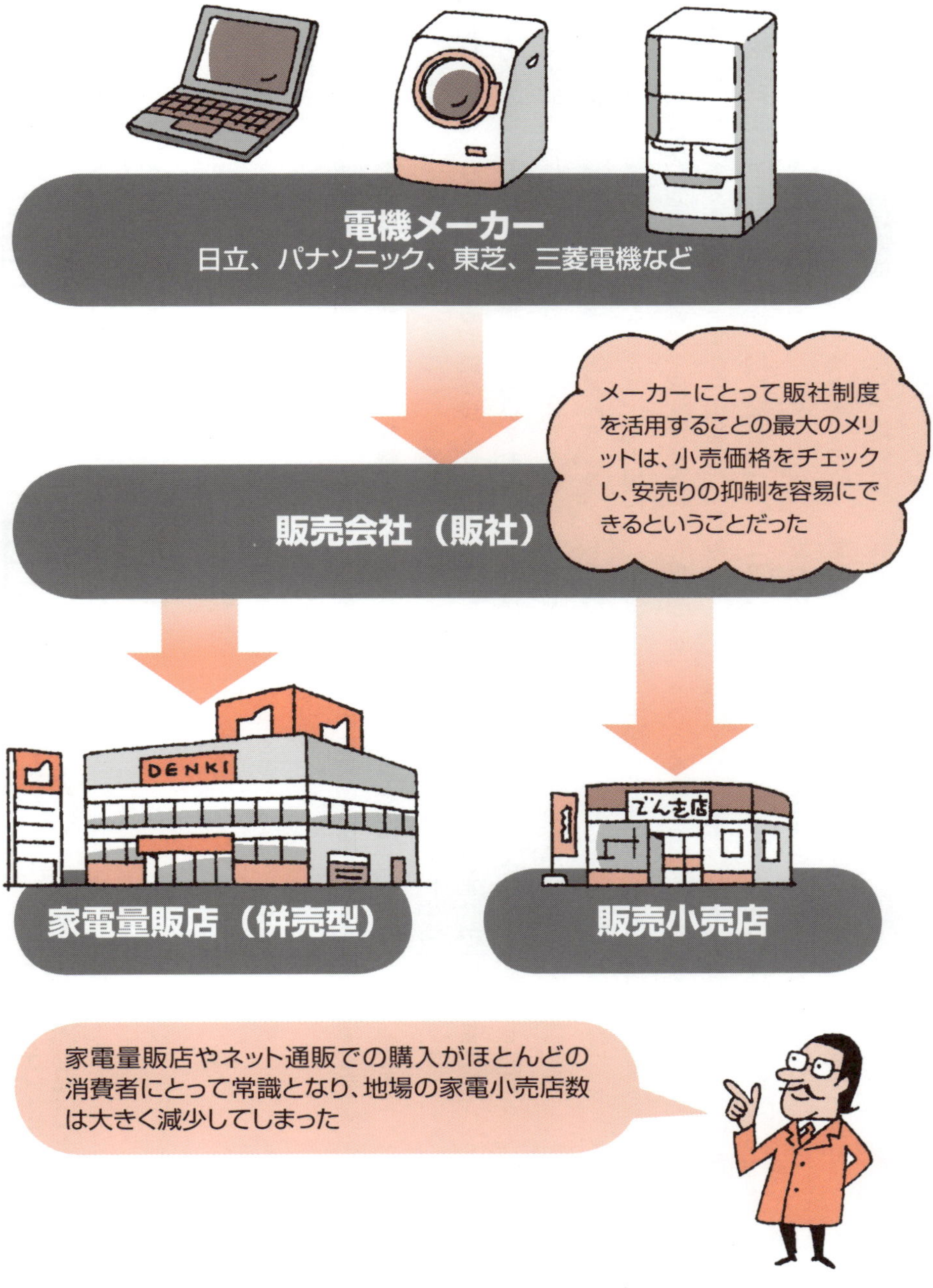
電機メーカー
日立、パナソニック、東芝、三菱電機など
メーカーにとって販社制度を活用することの最大のメリットは、小売価格をチェックし、安売りの抑制を容易にできるということだった
販売会社（販社）
DENKI
でんき店
家電量販店（併売型）
販売小売店
家電量販店やネット通販での購入がほとんどの消費者にとって常識となり、地場の家電小売店数は大きく減少してしまった

41 岐路に立つ自動車の系列販売方式

メーカーとディーラーの緊密な関係が軸に！

自動車の流通は新車の流通と中古車の流通に大きく分けて考える必要があります。

新車の流通チャネルは、メーカーと特約小売店（ディーラー）の緊密な関係を軸に系列化が行われています。複数メーカーの車種を取り扱ったり、複数系列に組み込まれることもあります。さらに、新車販売の利幅は少なく、リベートによる収益が多くなるというケースもあるようです。また輸入車についても、日本車の国内販売網に乗せて売られるようになってきています。系列ディーラーから系列営業所などを通じて消費者に販売されることになります。その場合、休日など営業所に足を運び、新車を購入するケースもありますが、多くの場合、セールス担当者による訪問販売によって自動車の性能、価格などについて説明を受け、購入するようです。

もっともこうした系列販売方式が今後大きな岐路を迎える可能性もないわけではありません。電気自動車の普及などが起因となり、たとえば小売主導で自動車流通が大きく変わることも将来的には考えられるかもしれません。

日本の場合、中古車の流通チャネルも無視できない大きさです。新車購入の際の下取りなどで消費者からディーラー経由で回収された中古車はオークションに出品されることになります。中古車販売会社などは、オークションに出品された中古車をセリで落札します。そして中古車専門店などの小売店を通して消費者に売られるわけです。

中古車として活用されなくなった「使用済み自動車」に関しては、２００５年１月から施行された「自動車リサイクル法」により自動車から発生するフロン類、エアバッグ類、シュレッダーダストの３品目の引取りが必要となっています。適正なリサイクルを行い、循環型社会に適応することが自動車流通でも求められているわけです。

要点BOX

- ●下取りなどで消費者からディーラー経由で中古車を回収
- ●循環型社会の中軸となる自動車リサイクル法

自動車の流通チャネル

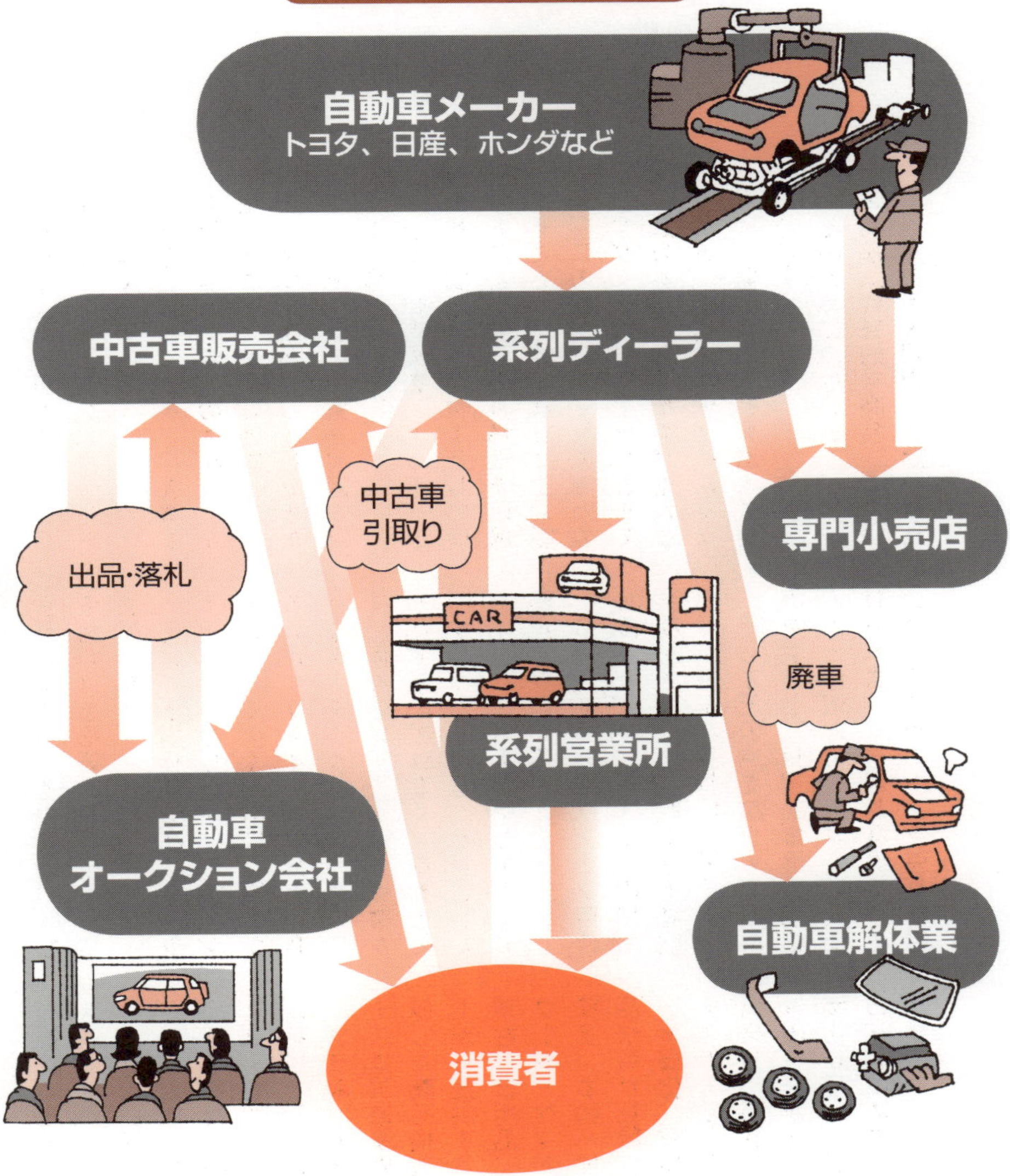

自動車の価格設定の特徴はディーラーがリスクを負担する固定的な卸値制度ともいわれている

Column

商品データベースの充実

ビジネスの視点からのサプライチェーンの重層化にも注目が集まっています。

たとえばメーカーと小売業を直流で結ぶ「流通の中抜き」を推進すると、確かに効率化やコストダウンは図ることができますが、その代わり危機管理システムは緩くなります。

また、卸売業をメーカーと小売業の間にバッファーとしてはさむことで商品の多様性を確保することが可能になります。従来、この点は軽視されてきたのですが、現代社会ではそれまで人気のあった商品が突然売れなくなる「商品のパラダイムシフト」が発生することも増えてきています。

そのためにカウンターバランス商品（代替的な商品）について、たとえ短期的には効果が見られなくても、その技術や存在を維持する必要性が見直されてきています。

そこで多層化する商品サプライチェーンをしっかりとマネジメントしていくために必要となるのがサプライチェーン上の商品情報のデータベースの整理です。個々のメーカー、小売業が対応するのではなく、業界を縦断するかたちでしっかりとしたデータベースを構築しておく必要があるのです。

多層化するビッグデータ時代の商品サプライチェーンの情報共有をきちんと実践できる基盤作りが望まれるわけです。

そしてその点を踏まえて各業界を見ると、日用品業界の取組みが一歩進んでいるように見受けられます。日用品業界ではそのサプライチェーンを束ねる情報基盤ネットワーク企業のプラネット社が提供する商品データベースサービスを構築しています。

たとえば、プラネット社は日用品業界などのEDI（電子データ変換）基幹プラットフォームを担っています。

プラネット社の商品データベースは流通業界のメーカーが登録した商品情報をインターネットから提供するサービスです。現在、日用品、化粧品、ペットフード・ペット用品、OTC医薬品、酒類・加工食品などの商品情報が登録されています。

多層化、重層化するサプライチェーンで商品データベースを構築し、商品の多様性を十分に考慮したかたちで供給連鎖を高度化していく工夫が各業界で求められ始めているといえるでしょう。

第5章

ネット通販のしくみ

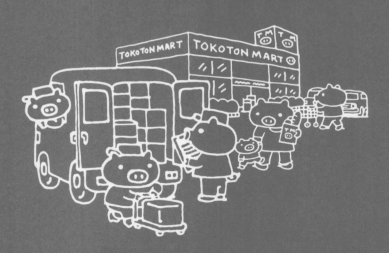

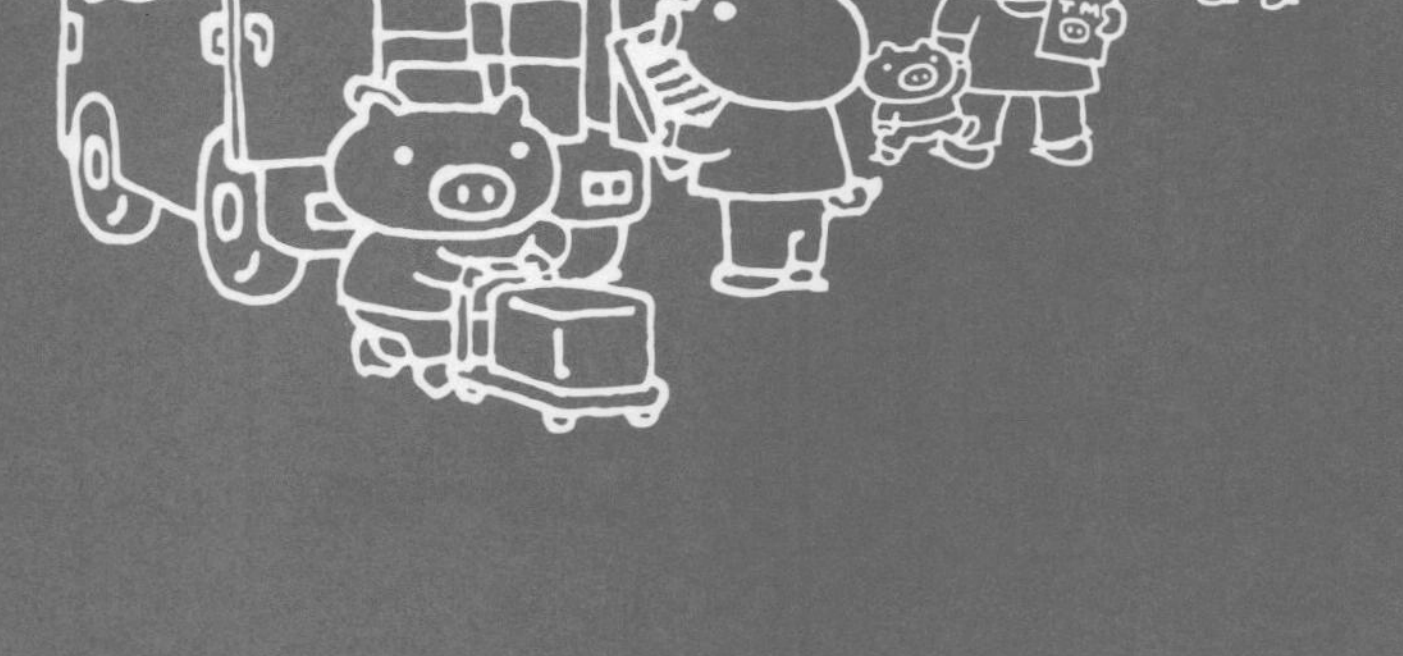

42 拡大するネット通販市場

実店舗からネットショップへのシフト

ネット通販市場の大きな伸長が続いています。さまざまな業界のネット通販へのシフトが急激な加速のもとに進んでいるのです。

これまで、実店舗では優秀な販売員を数多く抱えることが売上げを大きく伸ばす原動力とみなされてきました。たとえば、アパレル業界における販売員の役割は大きく、消費者が衣服を購入するにあたっては、裾上げ、袖詰め、ウエスト調整などに販売員の助力、助言は不可欠でした。またファッションコーディネートに関するアドバイスなども消費者にとっては大きな影響力となりました。良い販売員が商品を紹介すれば消費者も納得、満足して商品を購入することができるというわけでした。人と人との触れ合いや暖かいコミュニケーションが商品の売上げを左右することになります。

ところが、近年は「自分で自由に商品を選びたい」「必要なときには販売員に質問もするが、基本的には買い物の際に過度に干渉しないでほしい」「自分のペースで買いたい」といった考えも広がってきました。百貨店などの売上げが低迷するなかでネット通販が大きく売上げを伸ばしているのにはそうした背景もあると考えられます。

さらにはショールーミング現象などもネット通販市場の拡大に少なからぬ影響を及ぼしているようです。実際、ショールーミングを行う消費者たちは無理に百貨店や専門店などのリアル店舗で購入しようとしません。ネットで売れ筋商品などをレコメンデーション（推奨）機能で確認したあと、興味ある商品の価格と色、サイズなどを店頭で詳しくチェックするのです。店頭チェックのあとは通販サイトで価格を調べて、もっとも安いサイトから商品を購入するのです。

ネット通販市場のさらなる拡大が消費者の常識を大きく変えようとしているのかもしれません。

要点BOX

●リアル店舗でのショールーミングの増加
●売れ筋商品をレコメンデーション機能で確認

ショールーミング現象とは

ショールーミング現象

実店舗で商品・在庫を確認、購入はネット通販で行うという現象

1

実店舗で商品を物色、試用なども行う

2

実店舗で目をつけた商品をネットで検索し、もっとも安価で販売しているサイトから購入

3

ネット通販から商品が配送される（実店舗だと持ち帰る手間がかかる）

【ショールーミング現象の問題点】

●実店舗訪問者数が増えても店舗売上高は増えない
●実店舗の淘汰！　商店街の衰退を加速させる

43 ネット通販と流通業

はっきりし始めたネット通販の勝ち組と負け組

ネット通販による売上げの拡大傾向をにらんで、「これまで販売を行っていた実店舗を閉めて、ネットショップに専念する」という企業が増加し続けています。しかしそのために実店舗数は減少の一途をたどっています。商店街のみならず郊外の大型量販店などもネット通販の影響を受け、売上高を減らしてきています。一流百貨店の売上高が大きく落ち込んできているのもネット通販の影響と考えられています。

ただしネット通販ならばすべてが好調というわけではなく、ネット通販においても勝ち組、負け組の差が激しくなり始めています。巨大ショッピングサイトなどに出店するネットショップの多くは小規模で売上高が伸びずに苦しんでいます。

他方、勝ち組企業の売上高は加速度的に伸長しています。たとえば、ネット書店から始まり、今は日用品や高級品、電気製品やアパレルなどを幅広く販売するアマゾンドットコムは勝ち組の代表例です。

また、ネット通販のなかではとくに難しいといわれる生鮮食品のネット販売も行っています。

アマゾンにより通販取引が増えることで宅配便の効率的な配送が難しくなり、ヤマト運輸などが宅配便の時間帯や料金の見直しを行いました。

アパレルではファッションECサイトのZOZOTOWNを運営するスタートトゥディがほかのファッションECサイトを圧倒するような成長を見せています。

ネット通販の商圏は複数の大都市圏に地方都市群を加えるほどの規模になることもあります。全国津々浦々に購買者を抱えることになります。そして差別化されたオンリーワン商品を抱えていたり、消費者にとって便利なシステムを持ち合わせたりしていれば、売上げも爆発的に増えることになるのです。そのため勝ち組企業のプレゼンス（存在感）がこれまで以上に目立つことになります。

要点BOX
- ●実店舗を閉めてネット通販へ
- ●広大なネット通販の商圏

実店舗中心からネット通販中心へ

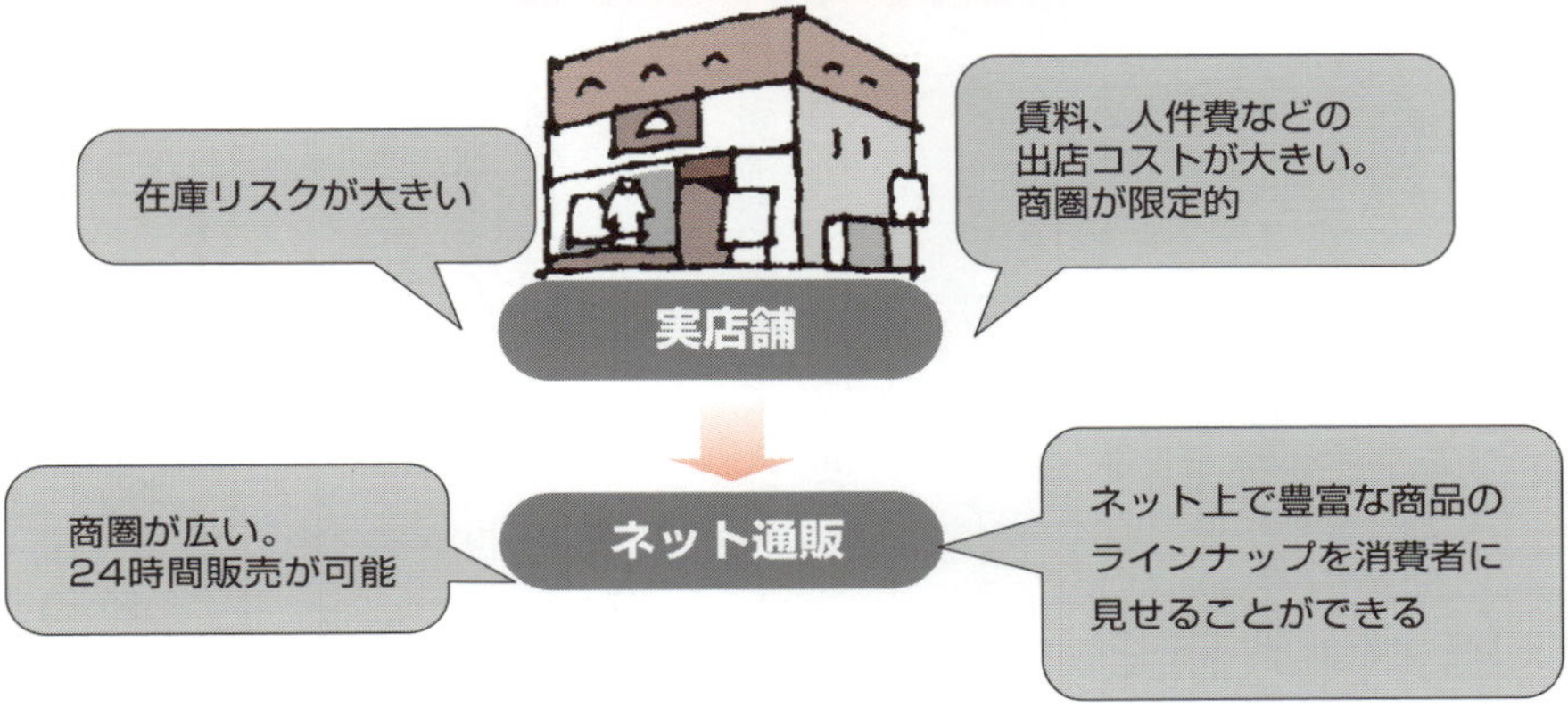
在庫リスクが大きい
賃料、人件費などの
出店コストが大きい。
商圏が限定的
実店舗
商圏が広い。
24時間販売が可能
ネット通販
ネット上で豊富な商品の
ラインナップを消費者に
見せることができる

ネット通販の商流・物流のしくみ

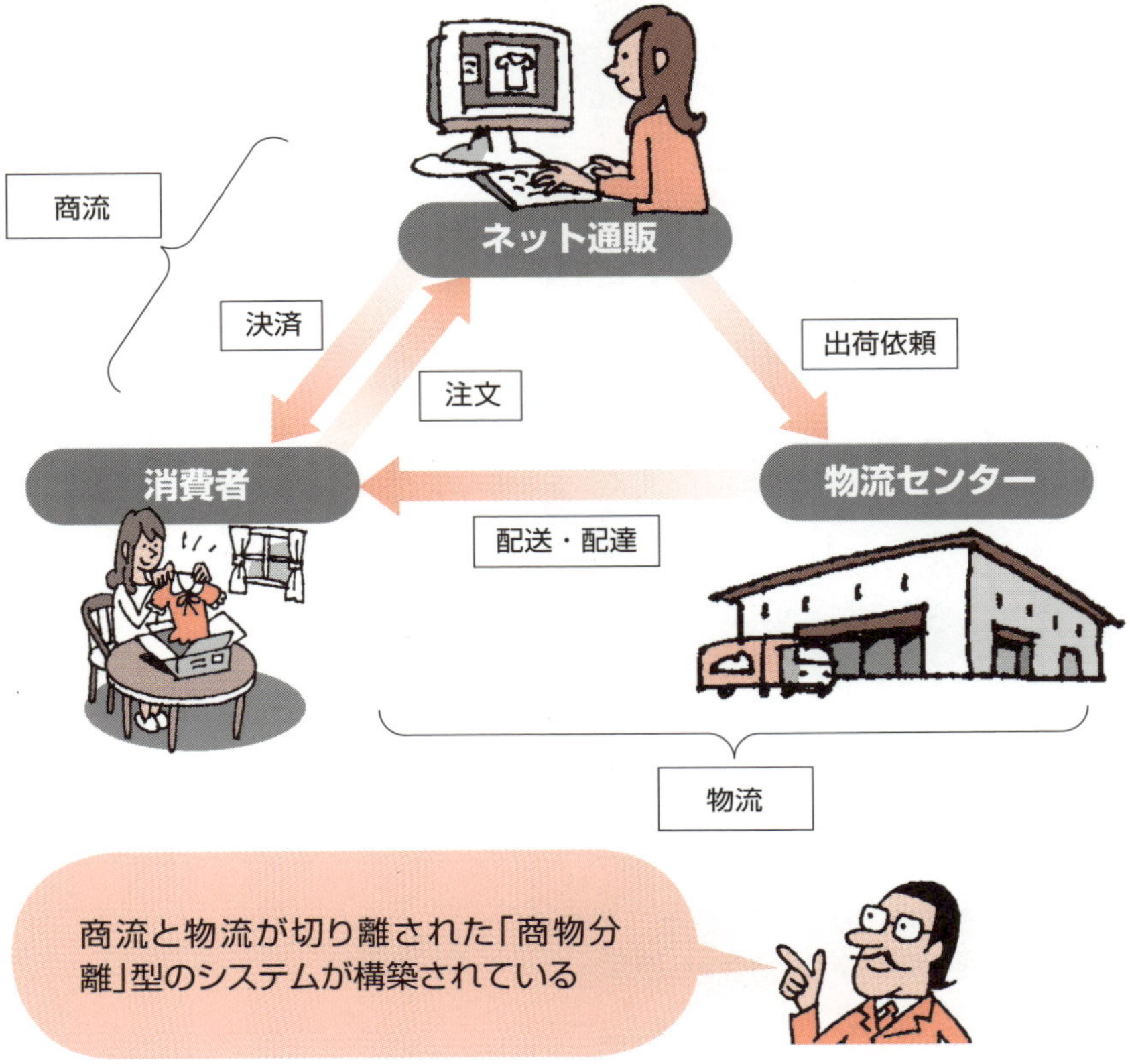
商流
ネット通販
決済
注文
出荷依頼
消費者
物流センター
配送・配達
物流
商流と物流が切り離された「商物分
離」型のシステムが構築されている

44 ネット通販で重視されるレコメンデーション機能

サイト訪問者の購買意欲を刺激！

リアル店舗で「売れる店」をつくる場合には、これまでの小売業界の長い蓄積から、ある程度のノウハウがすでにできあがっています。たとえば、目玉商品や新着物は店舗の入り口付近に並べて、集客に利用したり、店舗のコーナーに死に筋商品が集結したりしないように工夫を凝らすといったことは、ちょっと小売業の知識のある人ならば、だれもが考えつくことです。また、関連商品をビジュアル的に並べて、消費者の購入意欲を刺激するビジュアルマーチャンダイジング（VMD）なども、アパレルでは積極的に取り入れられています。

しかしながら、ネット販売となるとこうした常識は通用しません。店舗における売れ筋商品の見せ方といっても、バーチャル店舗には顧客の巡回路もありませんから、これまでのやり方では対策の施しようがありません。

そこで重視されるのがレコメンデーション（推奨）機能です。これは、サイトに消費者がたどり着くと、まず、「現在、このような商品がよく売れています」というトップページにおける紹介です。またクレジットカードなどの決済を終えると、今度は、「この商品を購入したお客様は、次のような商品も購入しています」という関連商品群のラインナップが登場します。この商品群は、商品を買った人にとって、興味深く、あわせて買いたくなるような商品ということになります。

レコメンデーション機能には、統計などをもとに現実的かつ客観的なデータから、その顧客の好みの商品を割り出すものが増えています。いまや人気販売サイトには不可欠の機能です。

また、レコメンデーション機能に加えて、消費者の口コミを載せる掲示板を自ら設けているサイトや、グルメ推奨サイトとのリンクが威力を発揮することもあります。

要点BOX

- ●売れ筋商品を紹介
- ●購買者の履歴から推奨

レコメンデーションのアルゴリズム

レコメンデーションのアルゴリズム

①コンテンツベースアルゴリズム

「ビールの購入者におつまみを薦める」といった具合に購入された商品との類似性に基づいた関連商品を薦める。

②協調フィルタリングアルゴリズム

「この商品を購入したお客様はこれらの商品も購入しています」というかたちで商品情報ではなく、購入者の行動履歴をもとに薦める。そのため、「こんな商品もあるのか」という驚きと「同じような傾向で買物をしている人はこの商品を買っているなら、自分が買いたいと思ってもおかしくないはずだ」という納得感を与えることになる。商品の類似度や購入者の類似度などをリンクさせる発展型もある。

③ルールベースアルゴリズム

「A社の商品を買った人にはグループ会社のB社の商品を薦める」といった具合にレコメンドにある種のルールを設定して薦める。

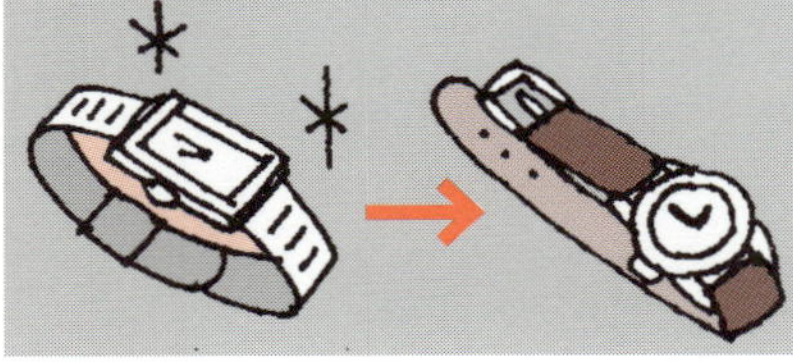

こんな商品を薦められるなんて
考えてもみなかったけど、
薦められてみると
ほしい気もするなぁ

45 ネット通販ビジネスモデルの概要

実店舗の品ぞろえを上回る品ぞろえが魅力！

ネット通販のビジネスモデルの概要を押さえておきましょう。

ネット通販の大きな特徴は実在庫を持たなくてもネット上で紹介するのみのバーチャル在庫をサイト訪問者に見せることができるということです。訪問者は、ネット通販サイトのバーチャル在庫を見て、購入したい商品を選びます。実際の在庫は大都市圏近郊などに設けられている物流センターにあります。なお、購入処理についてはネット上で済ますことができます。

購入した商品は物流センターから翌日、翌々日などに購入者宅に配送されることになります。

なお、配送料については「無料」とされるサービスが普及しています。ただし、配送料は本当に無料になるわけではなく、実際はネット通販側がその分を負担しています。正しくはネット通販側の「送料負担」です。そのため、トラック運送業界などからは「配送料無料、送料無料は運送業界の立場を考えない表現であり、改めてほしい」という要望の声が大きくなっています。また、地球環境対策の視点から購入者宅への配送に際して用いられた段ボールなどの梱包材を後日回収している企業もあります。

「24時間いつでも好きな時間に商品を購入できる」「わざわざ買物に行かなくても商品を届けてくれる」「豊富な品ぞろえのなかからほしい商品をすばやく選ぶことができる」といったことがネット通販の長所といえるでしょう。

反面、「クレジットカード決済のために買いすぎてしまった」「買物に行くのが億劫《おっくう》になり、家に引きこもってばかりいるようになってしまった」といったネット依存症の人々も増え始めています。

ネット通販の便利さをいかに活用し、ライフバランスなどをいかに整えていくかということも今後の大きな課題かもしれません。

要点BOX
●バーチャル在庫のバックには物流センター在庫
●「送料無料」ではなく「送料負担」

送料無料とされるケース

①購入価格に送料が含まれているケース

商品の価格は仕入れ値、利益、経費で構成されるので、経費としての送料を商品価格に含めてしまい、「無料」とする。しかし、実際には経費として運送会社に送料は支払われているので、実質的に無料というわけではない。

②ネット通販側が送料を負担しているケース

実際は送料がかかっているがネット通販側がそのコストを負担しているケース。この場合は本来、「無料」ではなく「負担」と記載されるべき。たとえばクレジット払いでは「金利は○○社負担」のようにいわれるが、送料の場合はなぜか、「送料負担」ではなく、「送料無料」となっている。

国土交通省では、こうした送料無料の表示は通信販売事業者の利用者に対する販売促進のための表示方法の一つとして認識しているが、これを強制的に改善するのは難しいと考えている。しかしながら、関係省庁とも連携しながら対応について検討していくとしている

ネット通販事業者と物流事業者の間で通常運賃の収受は行われているので「送料込み」「送料元払い」などの表現が取引実態に即しているとはいえないね。消費者が物流コストを認識しづらい状況だと思うよ

46 ネット通販と宅配便の関係

最終消費者との接点となる宅配便ドライバー

ネット通販の拡大とともに宅配便業界は配送数の増加に対応しきれずに悲鳴を上げています。

ネット通販市場の成長の度合いが宅配便業界の予測を大きく上回ったということもありますが、それ以外にも解決しなければならない課題があります。なかでも最大の課題とされているのは、「不在」の問題です。ネット通販の主要購買層は単身者、共働き夫婦となっています。どうしても日中、自宅にいることが少なく、宅配便のドライバーがどんなに迅速に配達しても、不在のために営業所に荷物を持ち帰ることになってしまいます。

宅配便の営業所は翌日、翌々日などの再配達に加えて、数日以上前の配達物まで保管しておくスペースは持ち合わせていません。また再配達に追われていては、新しく営業所に入ってくる配達物への対応が遅れてしまいます。また単身者、共働き夫婦が土日祝祭日など週末に集中して配達日を指定する傾向もあります。

したがって、いかに「不在」を可能な限り少なくするかといった対策が求められます。そのために宅配便業界では「宅配便ボックスの設置」「コンビニ受け取り」「不在に備えてのメールやLINEでのお知らせ」など、あの手この手の対策を立てています。しかしながら「不在」の解消はなかなかできません。

また、「宅配便業界が少子高齢化のためにトラックドライバー不足に悩んでいる」という背景もあります。ネット通販市場が拡大すれば配送ドライバーが重要な役割を演じることになります。ドライバー職の魅力を大きく社会にアピールしていくことも、ネット通販の将来を考えると重要な対策ともいえるのです。ネット社会において最終消費者ともっとも多く接するのは宅配便のドライバーであり、それゆえたいへん重要な仕事であるということも強く認識しなければならないでしょう。

要点BOX

- ●最大の課題である「不在」
- ●週末に集中する配達に対応

不在のしくみ

ネット通販 → 出荷・配送指示 → 宅配便 → 配送 → 消費者宅

受け取りに際して、「不在」のことが多い

単身者・共働き夫婦で不在が多い（週末など以外は不在）

↓

再配達

不在の場合は再配達になる

不在対策

- マンションなどへの宅配ボックスの設置
- 宅配便のコンビニ受け取り
- 会社受け取り

↓

「再配達の有料化」「一度受け取りの奨励」などの導入

一度受け取りを奨励し、再配達を有料化したいという業界の動きも大きくなっている

47 オムニチャネルって何？

リアル店舗とバーチャル店舗のリンク

ネット通販が発達すれば、すべての実店舗が閉鎖してしまうのでしょうか。おそらくそうはならないのではないでしょうか。少なくとも当分の間は実店舗とネット店舗の両方を消費者が使い分けることになるでしょう。

そこで注目されるのがオムニチャネルです。

オムニチャネルとは実店舗、ネット店舗を問わずあらゆる流通チャネルを統合し、どのチャネルからも商品を購入できるようにするという考え方です。

リアル、バーチャルの流通チャネルの垣根を取り払い、ネット店舗環境とリアル店舗環境の双方を結びつける横断型の新流通チャネルを構築していくというわけです。もちろんその流れの中で商品情報、顧客情報、販売情報などもバーチャルとリアルの間で共有していきます。

実際、米国ではオムニチャネルがすっかり当たり前になりました。たとえば、米国の大手百貨店メイシーズ、あるいはドラッグストアチェーンのウォルグリーンなどは積極的にオムニチャネルを推進する方針を打ち出しています。実店舗のみでは商機が小さくなることを見越して、リアル企業がネット通販部門を相次いで開設し、流通チャネルを広げているのです。さらにいえば、アマゾンのように実店舗を保有するスーパーを買収するなどして、それまでネット専業だった企業が実店舗運営に乗り出すというケースも出始めています。

ネット注文した商品を自宅ではなく店舗に配送させ、受け取るというビジネスモデルもあります。

ネット購入と店舗購入が交差し、24時間だれもがどこでも商品を注文したり、手にしたりできるようになるというのがオムニチャネルの基本コンセプトなのです。こうした米国における流れを受けて、オムニチャネル戦略を重視する企業はワールドワイドで増え始めているのです。

要点BOX
- ●実店舗の利点をネット通販に反映
- ●24時間だれもがどこでも商品を注文

オムニチャネルのしくみ

オムニチャネル

↓

リアルとバーチャルの流通チャネルの垣根を取り払い
リアルとバーチャルの横断型の新型流通チャネルを構築

ネット通販
ネットショップ

⇔ 双方向性

実店舗

- ●コンビニ
- ●スーパー
- ●百貨店
- ●ショッピングモールなど

商品情報、顧客情報、販売情報などのデータ共有を推進!

ネット購入と店舗購入が交差し、24時間だれもがどこでも商品を注文したり、手にしたりできるようになるというのがオムニチャネルの基本コンセプトとなっている

48 ネット通販でのダークストアの活用

大都市消費地内の有人の配送デポ

ネット通販の発達で「ダークストア」と呼ばれる配送拠点が登場しました。

ダークストアとは都市型の特殊な物流センターでネット専用店舗型配送デポ（拠点）です。大消費地向けの店舗配送型のネット通販向けの在庫拠点で、原則的に一般消費者はダークストアで商品を購入することはできません。ただし、ダークストアは有人で専任スタッフが在庫管理・出荷などの業務を行っています。

また、在庫エリアは小売店の商品陳列エリアと類似したレイアウトがとられています。さらにダークストアからの配送は多頻度小口で、たとえば2時間ごとなどの便で行われ、不在時は持ち帰り、ダークストアで保管されるようになっています。

ダークストアの発祥の地はイギリスです。イギリス最大手のスーパーマーケットのテスコではダークストアを導入し、その売上高を大きく伸ばしています。

ダークストアではネット専用の配送デポで注文に応じて最寄のダークストアの店頭在庫から専門作業者がピッキングを行い、スキャン検品を経て、重量確認で誤出荷を防ぐといった工夫が施されています。

ダークストアは物流センターと同じ機能を持ちますが、店舗からコンバートしたものが多いため、内部は店舗のように商品棚や売場があり、作業者は販売員などのキャリアを活かしたかたちでピッキング、配送業務に当たることが可能となっています。また情報システムも物流独自のシステムではなく、小売業向けの情報システムで対応できます。

さらには通常の店舗にネット対応の配送機能を備えたハイブリッド型も出店されています。

わが国でもたとえば、セブン&アイ・ホールディングスがダークストアの稼働を開始し、都市部への配送効率向上などの成果を上げています。今後、さまざまなパターンが出てくることが考えられます。

要点BOX
- ●店頭在庫からPOSシステムで出荷を管理
- ●店舗からのコンバートされた配送デポ

ダークストアの考え方

店舗に倉庫の機能を付与する流れ

店舗

販売機能

＋

立地を活かした
出荷機能の強化

【倉庫型 / 店舗型の選択】

倉庫

保管機能
出荷機能
在庫機能

オペレーションの平易化が求められる

倉庫型レイアウトのパターン	→ 消費者が「ピッキング」「仕分け」「配送」の機能を肩代わり
店舗型レイアウトによる倉庫機能の補完のパターン	→ 店舗店員が「ピッキング」「仕分け」を肩代わり

ダークストアの考え方

①大消費地向けの店舗配送型のネット通販向けの在庫・配送拠点
②原則的には一般消費者はダークストアで商品を購入しない
③ダークストアは有人で専任スタッフが在庫管理・出荷などの業務を行う
④在庫エリアは小売店の商品陳列エリアと類似したレイアウトがとられている
⑤ダークストアからの配送は2時間ごとなどの便で行われ、不在時は持ち帰り、ダークストアで保管される
⑥将来的にはスマート化する都市機能とリンクする可能性が高い
⑦店舗レイアウトを物流倉庫のレイアウトのようにする反転型やハイブリッドもある

ダークストアを活用することで消費地近隣に在庫・配送拠点を効果的に構えることが可能になる

49 ビッグデータとＩｏＴの活用

莫大な容量のデータを流通領域に活用！


　インターネット上の巨大なポータルサイトには莫大なデータが集まってきます。こうした困難なほどに巨大で複雑なデータ集合の集積物を「ビッグデータ」と呼んでいます。ビッグデータとはこれまでの常識では計り知れない大容量のデータを扱うことです。

　ビッグデータを取り扱う代表的な企業というと、グーグル、アマゾン、ヤフー、フェイスブックなどになります。いずれも米国で誕生したＩＴ企業です。

　ビッグデータの活用で消費者行動、企業行動などをこれまで以上に正確に分析し、販売傾向などを予測できるようになります。たとえば、消費者の購買履歴、活用履歴などを含むビッグデータとなれば「巨大な金脈」にも匹敵する価値が出てくるのです。

　そしてビッグデータは小売業や卸売業の経営戦略にも大きな影響を及ぼす可能性が高くなっています。ネット通販企業は消費者情報をビッグデータとして取扱い、仕入れや商品構成に活用することができるわけです。

　またＩｏＴ（インターネット・オブ・シングス：モノのインターネット）も小売業で活用され始めています。ＩｏＴとはパソコン、スマートフォンなどに接続されたインターネットが、それ以外のいろいろなモノに接続されて、活用されることを指します。

　たとえばスマートフォンを使って、家電の電源を入れたり切ったりするといったことが可能になります。したがって、小売店の店頭でＩｏＴを用いてさまざまな顧客サービスを提供することも可能になるでしょう。

　さらにいえばビッグデータやＩｏＴを活用することでネット通販と実店舗の連携も緊密になりビットコインなどの連動も視野にオムニチャネルを推進していくことになります。消費者が望む商品を必要に応じていつでもストレスなく購入できる環境が整ってきているわけです。

要点BOX
- ●消費者の購買履歴を販売予測に活用
- ●「モノのインターネット」で変わる小売店頭

ビッグデータの概念

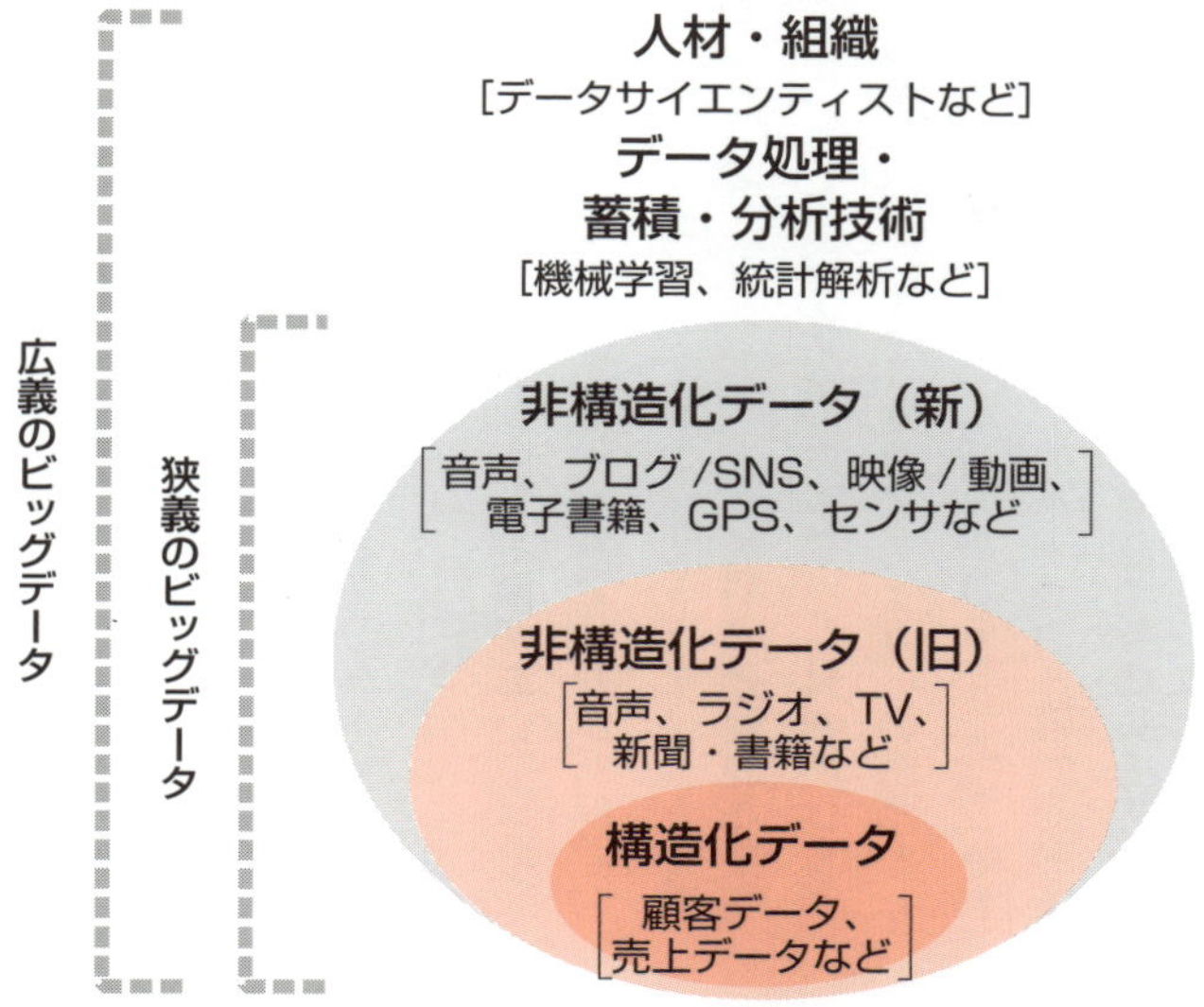

出典：総務省「情報流通・蓄積量の計測手法の検討に係る調査研究」（2013 年）

IoTの活用

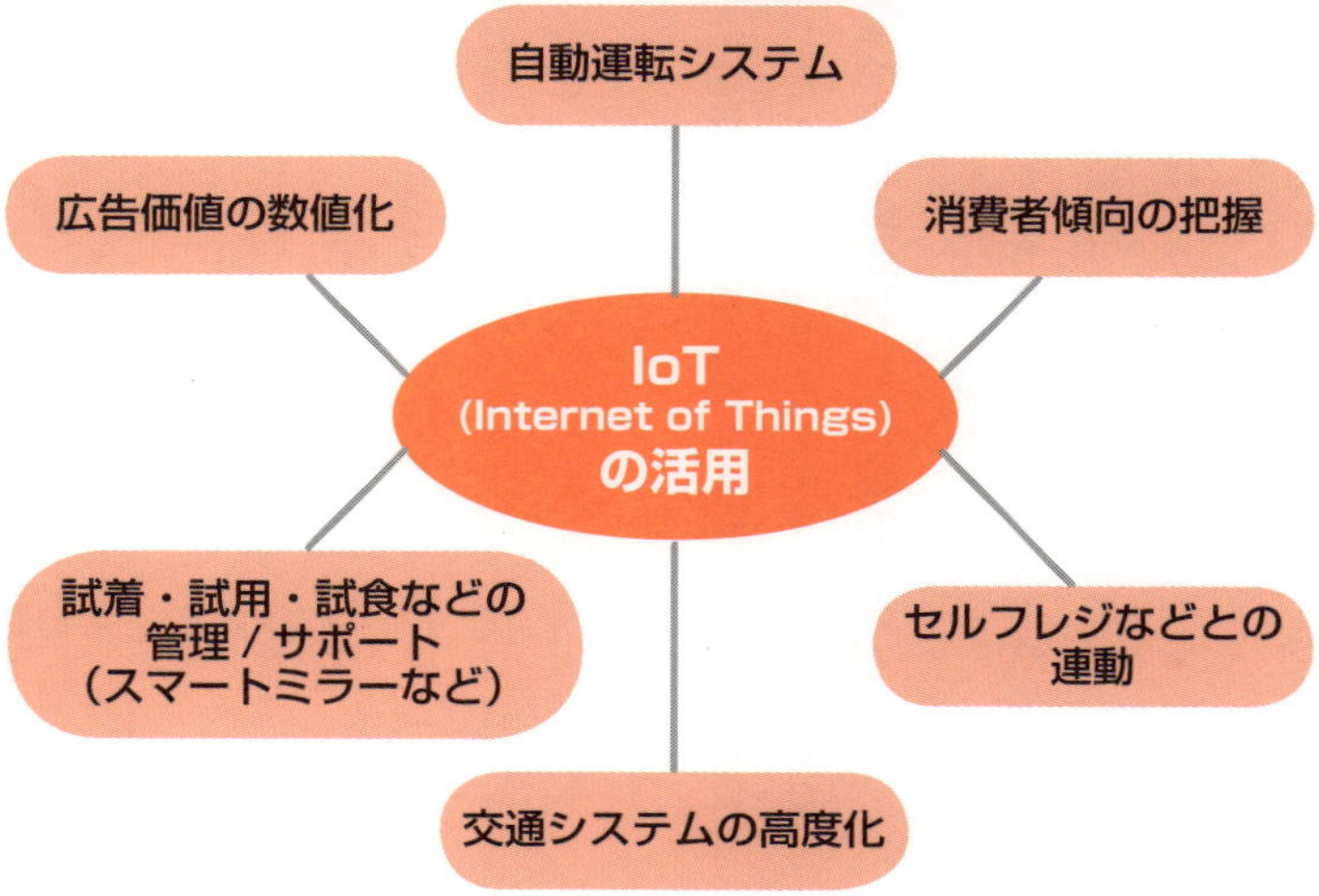

用語解説

ビットコイン：ネット上で取引や通貨発行が行われる分散型仮想通貨。銀行などが介在することなく取引が行えるので手数料もかからず、全世界で使用が可能。ネット時代の流通に大きな影響を与えると注目されている。

50 ネットスーパーの誕生とこれから

消費者宅などに迅速に生鮮食品を配達！

インターネットビジネスの草創期、すなわち1990年の中ごろにおいて、早くもインターネットを介してのスーパー（ネットスーパー）が登場しています。ただしインターネット草創期においてはネットスーパーというビジネスモデル自体が試行錯誤の段階で、当初から大きな成功を収めることはできませんでした。インターネット草創期の典型的なネットスーパーとしては米国のウエブバン社があげられます。ウエブバン社はオンラインを唯一の販路としたスーパーマーケットとして1996年に設立されました。インターネット上のバーチャル部門を充実させるだけに留まらず、在庫管理や物流にも力を入れ、全米各地に最新式の自動化倉庫を建設し、最新鋭の仕分け機なども導入しました。しかしナスダック上場を果たしたものの、創業以来、一度も利益を上げることなく、破産してしまいました。

同社は受発注業務の合理化・省力化には成功しましたが、配達と代金受取に関連するコストが削減できなかったのです。リアル店舗には存在しない配送・配達コスト、代金決済コストが致命傷となりました。

しかしその後、次世代ネットスーパーがビジネスモデルを改善していきます。たとえば、英国の大手スーパー「テスコ」はオンラインを販路とする一方で世界各地に多数のリアル店舗を展開、業績を伸ばしていきました。バーチャル展開のオンライン受注とリアル展開の既存の店舗・配送網を融合させていったのです。

さらにアマゾンドットコムもネットスーパー事業に参入しました。新鮮で高品質な食料品を購入できるプライム会員向けのサービスとして「アマゾンフレッシュ」を展開しています。

ここにきてイトーヨーカドー、イオン、西友、楽天マートのネットスーパー大手4社も力をつけてきています。

要点BOX
- ●配送コストの負担を最小化
- ●オンラインとオフラインの販路を確立

ネットスーパーの歩み

ネットスーパー

生鮮食品などを中心にネット注文から即日、あるいは翌日に消費者宅配送

１９９０～２０００年代初頭にかけて物流網などを充実させたビジネスモデルが登場し、注目されたが、配送などの物流コストが予想以上にかかること、短リードタイムで注文に応じる必要などもあり、大きく成功することは難しいと考えられた

↓

2010年代～ネット環境の改善、物流モデルの進化

リアルタイムで顧客の生鮮食品需要が掌握できるネット環境のもと、大都市の限定的な小規模商圏を具体的なターゲットに絞り、高頻度出荷商品を中心に即日で配送を完了するビジネスモデルが登場。大手スーパーも参入

ネットスーパー大手：イトーヨーカドー、イオン、西友、楽天マート

↓

ネットスーパーが次世代のスーパーマーケットビジネスにおいて重要な役割を演じる存在へと進化

アマゾンも参入

ネットスーパーは20年以上の紆余曲折の歴史を経て、完成されたビジネスモデルに近づきつつある

Column

ネット通販向けの物流センター

楽天市場や、ネット書籍最大手のアマゾンジャパン、ファッション通販大手のZOZOTOWN（スタートトゥデイ）、マガシークなどのネット通販企業が相次いで大型物流センターを開設しています。

言い換えれば、昨今のネット通販のビジネスモデルの起点となっているのが大型物流センターなのです。大型物流センターを運営し、ネットユーザーが購入する商品について、インターネットのスピードに合わせたデリバリーシステムを構築することによって、大手ネット通販企業はヘビーユーザーの支持を集めているのです。

ただし、ネット通販企業の在庫は膨らむ一方です。大型物流センターが建設され始めた当初は「これだけ大きな物流センターを作っておけば、そこに在庫を集中させることができるからネット通販ユーザーの膨大な要望にも迅速に応えられる」と考えられました。「大型物流センターを一つ設けたのだからこれで物流システムは完成」と考えたのです。

ところがネット通販大手の大型物流センターの増設は相変わらず続いています。しかもその規模は1センターで20万㎡を超えるまでに拡大しています。ネット通販市場が拡大すればするほど、在庫も巨大物流センターも増殖していくのです。

ネット通販業界がこれだけ大きな規模の物流センターを必要とする背景には「ネット商圏がリアル商圏とは桁違いの大きさを持ち、それに対応させてネット通販対応の物流センターの規模を拡大し、数を増やさなければならない」ということがあげられます。

もちろん、巨大化した物流センターのオペレーションはこれまで以上に高速化、IT化を進める必要が出てきています。ネット通販のスピードに合わせた物流システムをいかに構築することができるかがビジネスモデルの生命線ともなっているのです。

物流センターも巨大化

第6章

小売業の販売管理・在庫管理

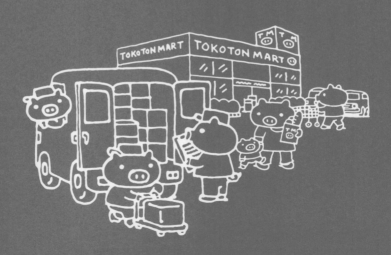

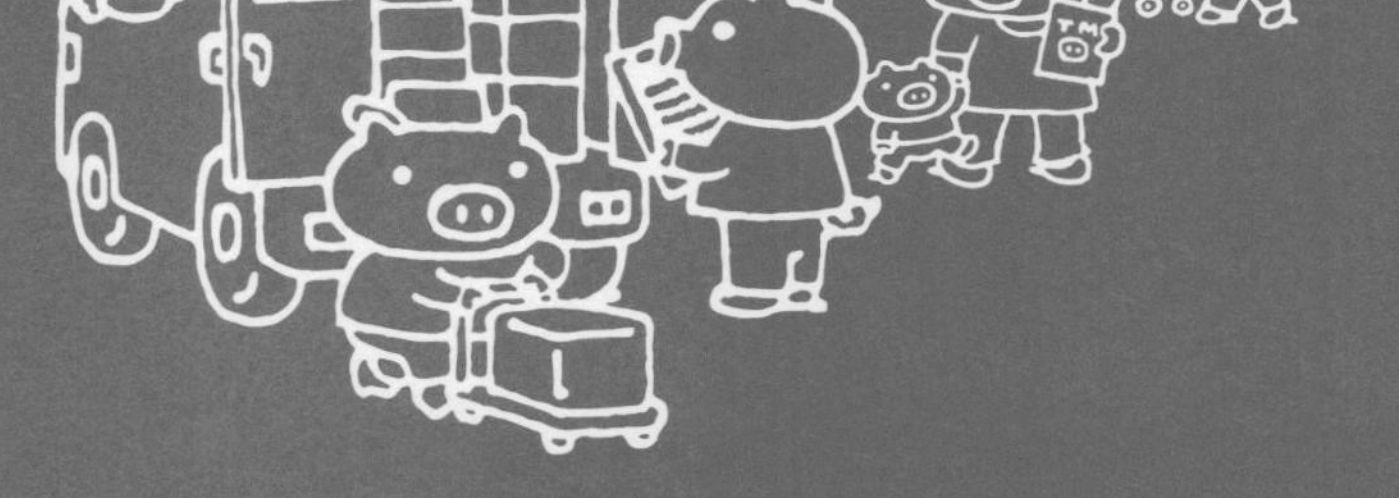

51 販売員ってどんな仕事？

笑顔の接客で商品を販売！

アパレルを扱う百貨店や家電量販店などでは販売員の接客で売上げが大きく変わることも少なくありません。

販売員の仕事内容をここで整理しておきましょう。

販売員のもっとも重要な仕事は接客です。ほしい商品を求めて来店する顧客に気持ち良く商品を購入してもらえるようにするのです。笑顔できちんと挨拶し、商品を購入してもらうようにします。

もちろん、店内にある商品がどのような商品なのか十分な知識のもとに商品を説明したり、使い方のアドバイスをしたりします。また自店舗のみならず他店舗の在庫についても確認したりします。

また店内やバックヤードなどを掃除したり、商品のレイアウトを工夫したりして、顧客満足を実現し、来客に気持ち良く商品を購入してもらえるような環境作りを行うことも重要です。

また、販売員の給与は各自の販売実績によって歩合給がつくことも少なくありません。「どの販売員がどれくらい売っているか」ということを経営サイドで管理していることが多いのです。販売員にとってはノルマがつくかたちにもなるので仕事のストレスは決して小さくはありません。しかし、逆に歩合給が出るということをプラスに活かし、群を抜くほどの販売実績をあげる「カリスマ店員」などが出現することもあります。

もっとも販売員の職務はハードになりがちです。というのは多くの店舗は土日週末などが繁忙期となり、休日の多いゴールデンウィークやクリスマスシーズンなどは働き詰めになることもあります。

したがって、店舗としては従業員満足の視点からも十分な人員を確保して販売員が疲労をため込むことなく、交代で休みを取得できるようにしなければなりません。しっかりしたシフト管理、勤務管理を行うことも販売員にとっては重要なことなのです。

要点BOX

- ●店内の掃除の徹底で顧客満足を実現
- ●しっかりとしたシフト管理で従業員満足を実現

販売員の仕事

商品販売

店内の商品を販売する。販売目標やノルマが発生しているケースもある。目標やノルマの達成が昇進や歩合給などに反映されることも多い

接客

店内にある商品がどのような商品なのか十分な知識のもとに商品を説明したり、使い方のアドバイスをする

店内環境の整備

店内やバックヤードなどの掃除・清掃、商品のレイアウトの工夫、3S（清掃・整理・整頓）の実施

在庫確認

自店舗の在庫のみならず、必要に応じて他店舗の在庫を確認し、商品補充などを行う

シフト管理・勤務管理

従業員満足の視点から十分な人員を確保して販売員が疲労をため込むことなく、交代で休みをとることができるようにする

販売員が笑顔で礼儀正しく接客し、顧客にアドバイスし、商品購入のサポートをすることで店舗の売上高が大きく伸びることになる

52 小売店舗の1日の流れはどうなっているの？

業務上の注意事項や問題点を確認！

小売店舗の1日の流れを見てみましょう。まず、早朝の開店前、あるいは始業前には朝礼、ミーティングが行われます。多くの場合、早朝のミーティングの主な目的は業務上の注意事項や問題点などの情報を共有することになります。顧客からのクレームの対処法や非効率な業務の改善の方法などについて店長などから説明があることもあります。また売上目標額の達成などを見据えて各自の意識を向上させることを目的として行われることもあります。

ここで注意したいのは、早朝ミーティングにどうしても参加しなければ業務の遂行がスムーズにいかない場合などには「勤務時間扱い」となることです。「始業前だから勤務時間にはカウントされない」ということはないわけです。あいまいな場合にはきちんと確認しておくことも重要です。

開店前にはクリンネス（店をきれいにすること）も行います。清掃を徹底して、整理・整頓をしっかり行うことが求められます。顧客満足のためにはクリンネスは欠かせません。さらにいえば店内をきちんと清掃することだけではなく、販売員が自らの身だしなみに気を配ることもクリンネスに含まれます。ぼさぼさの髪の毛や無精ひげ、ユニフォームなどの汚れなどに注意するようにします。ちなみにクリンネスは、フレンドリー、鮮度管理、品ぞろえと合わせて「小売業の4大原則」ともいわれています。

また開店前に納品があり、販売員が検収・検品に立ち会うことも少なくありません。

開店後は、接客をしっかり行うことが大切になります。売上げが発生すればレジ業務も行います。きちんとしたマナーで笑顔を浮かべ、お客様に気持ち良く接するようにします。

閉店後にも店内の3Sを行い、必要に応じて、反省会やミーティングが組まれていることがあります。シフト管理などの確認も行われます。

要点BOX

●勤務時間扱いとなる朝礼・早朝ミーティング
●クリンネスの徹底を重視

小売店舗の1日

始業前（開店前）

朝礼・早朝ミーティング

業務上の注意事項や
問題点などの情報を共有

クリンネスの実践

清掃に加えて整理・整頓の徹底で
店内環境を整備する。
販売員の身だしなみもチェック

納品管理

納品のアイテム、
個数などの確認

開業中（開店中）

接客・販売

適時、レジ業務や
在庫確認なども行う

終業後（閉店後）

反省会

販売目標の達成具合、
勤務シフトなどの
チェック・確認

店内清掃

３Sの実践

53 接客マナーの基本

ゆっくりとした動作できちんとした身だしなみ

　接客マナーをしっかり実践するうえでのポイントを紹介しましょう。まず、一つひとつの動きを丁寧に行い、顧客に気を遣います。たとえば商品を手渡すときには片手では渡さず、指を両手で添えるなどして渡します。ガタガタと大きな音を立てるとガサツな印象を顧客が受けることにもなるので、意味のない物音を立てないようにします。

　言葉遣い、とくに敬語（尊敬語、謙譲語、丁寧語など）の使い方などについても注意するようにします。ただし、あまり堅苦しい言葉遣いだと、顧客が威圧的、あるいはよそよそしい印象を販売員から受けることもあります。丁寧かつフレンドリーな接客が重要となってくるわけです。

　また、身だしなみについても注意が必要です。不快感を与えない着こなしを日ごろから意識するようにします。制服ならば適時、クリーニングに出すことも忘れないようにします。女性の場合、メイクをきちんとしているか、髪が不潔な感じで伸びていないか、といったことにも注意します。メイクは派手過ぎないように工夫する必要もあります。男性の場合も髪に櫛が通っていない、ひげが手入れされずに伸びていると、顧客に不快感を与えます。

　さらにいえば「猫背で接客している」「肘をついたまま話している」「極度のがに股になっている」といった姿勢も避けましょう。

　敬語が正しく使われていて、姿勢も動作も申し分なくても、「早口になっていて聞き取りにくい」「視線がにらみつけるようで怖い」「声が大きすぎて威嚇されているように感じる」「声が小さすぎていってることがわからない」「眉間にしわを寄せて話すので恐い」など、非言語コミュニケーションの部分でも不快感を与えないようにしましょう。接客がきちんとしていれば売上げも自然に増えることになります。接客マナーの修得は販売員の基本でもあるのです。

要点BOX
- ●商品の手渡しは片手ではなく両手で
- ●非言語コミュニケーションにも注意

接客マナーのポイント

- **丁寧な言葉遣い**：敬語（尊敬語、謙譲語、丁寧語など）の使い分けをしっかり行う
- **聞き取りやすい口調**：早口やぞんざいな口調は避ける
- **フレンドリーな対応**：丁寧かつ親しみやすい雰囲気
- **不快感を与えない非言語コミュニケーションの回避**：にらみつける、眉間にしわを寄せるといったことがないようにする
- **不快感を与えない姿勢**：猫背、肘をついての接客、極度のがに股などは避ける
- **きちんとした身だしなみ**：不快感を与えない清潔な服装
- **丁寧な動作**：手渡しは両手で行い、物音を立てない

接客マナーの良し悪しが売上げに大きく影響する

54 販売における計数管理

販売現場の目標を数値化！

店舗販売における計数管理はきわめて重要です。計数とは、本来、「計算して得られる数値」のことをいいます。さまざまな業務における目標が数値化されて、それを計数と呼んでいます。計数を用いての業務活動の管理を計数管理といいます。

販売における計数管理では、まず、どれくらいの売上高を達成するのか、どれくらいの利益を得るようにするのかについて目標をしっかり立てるようにします。加えていうならばその目標には論理的な根拠があることが求められます。現状をしっかり把握し、さまざまな数値を分析し、計数管理を綿密に行います。一例をあげると、販売の成果をもっとも如実に表すのは売上高です。「どれくらい売れているのか」ということを明らかにしているのです。

ただし、「たんに売上高が増えればよい」というわけではありません。すなわち売上げが利益に直結するかたちになっていなければ、「売上高は増えたものの赤字になってしまった」ということになりかねません。そこで重要になってくるのが粗利益です。粗利益とは売上原価から仕入原価を引いた、文字通り大ざっぱな利益をさします。売上高に対しての粗利益率が高ければ、それだけ「効率的に販売できている」ということになります。

さらにいえば顧客の行動を示す計数を理解することも重要になります。たとえば、具体的に買物客が店舗内でどれくらいの割合で商品を購入したかを示す買上率、1人当たりどれくらいの金額を使ったかを示す客単価、商品を複数買ったかどうかを示すセット率などの計数が大切になるのです。

もちろん、買物客と同様に店側の対応も重要になります。時間当たりどれくらい商品を売っているのか、売上高に対して人件費はどれくらいかかっているのか、定価でどれくらい売れているのかなどを把握しておく必要があるのです。

要点BOX
- ●目標となる売上高を設定
- ●粗利益率をしっかり把握

売上高向上に役立つ主要計数

	計算式	解説
買上率	買上率（%）＝購入客数（人）÷来店客数（人）×100	店舗への来店客数のなかでどれくらいの人が商品を購入したかを示す
客単価	客単価（円）＝売上高（円）÷購入客数（人）×100	店舗で購入客1人当たり、どれくらいの売上高があったかを示す
売上高対人件費比率	売上高人件費比率（%）＝人件費（円）÷売上高（円）×100	売上高に対して、どれくらいの人件費がかかっているかを見るための計数
プロパー消化率	プロパー消化率（%）＝（プロパー販売:定価で販売した商品数）÷（仕入数量）×100	おもにアパレル業界で用いられる計数。初期設定の定価（プロパー価格）ではなかなか完売できず、バーゲン、セールに頼る場合、バーゲン、セール以外、つまりプロパー価格でどれだけ売れたかを見る
セット販売率	セット販売率＝（買上総点数）÷（買上回数、あるは買上客数、またはレシート数）	1回の商品買上でどれくらいの数の商品を購入するかを表す計数。セット販売率を上げることは客単価を上げることにつながる
売上時間効率	売上時間効率＝（売上高÷営業日数）÷営業時間　（1時間当たりの売上高）	1時間当たりに商品が売れた金額を示す計数
チラシ集客率	チラシ集客率（%）＝客数÷チラシ配布枚数×100	客数を増やすうえでチラシがどの程度の効果があるのかを知ることができる

出典:鈴木邦成『物流・流通の実務に役立つ計数管理/KPI管理』日刊工業新聞社（2014年）をもとに作成

55 組み合わせて商品を勧める技術

セット販売で客単価をアップ！

顧客のほしい商品を探し出して、提供することは販売員の仕事のなかでももっとも大切な仕事といえましょう。ただし、たんに顧客のほしい商品を探し出すだけではなく、「その商品と別の商品を組み合わせて買えば、顧客の満足度はより向上するのではないか」と考えながら接客を行うことは販売員としての実績を上げるうえでとても重要です。客単価を上げることを目指すのです。

ある商品と別の商品を組み合わせて販売することをセット販売と呼んでいます。たとえば、ジャケットを販売している場合、そのジャケットに合わせたネクタイ、ワイシャツ、パンツ、さらにはネクタイピン、カフスボタン、バッグ、シューズなどをそろえることによって、買物客に同時購入のメリットと魅力をアピールすることができます。もちろん、単純に商品ラインナップを充実させるだけでなく、販売員が関連商品を購入するメリットを機に応じて提案する必要もあります。

セットで購入する場合、価格面で割引を行うことも顧客に複数の商品を購入させるうえで効果的です。

また、購入に際して、検討に時間がかかるような商品の場合、いったんその商品の購入が決まると、関連商品も合わせて購入されることが少なくありません。たとえば、高額なジャケットは気に入ったものがなければなかなか購入しません。しかし、いったん気に入ったジャケットが見つかれば、それに合わせてネクタイなどもほしくなるというわけです。あるいは女性の場合、スカートを購入する際には、試着などの手間がかかるので、購入したスカートに合わせてブラウスなどのトップスもほしくなります。さらにいえば、メンズ（紳士服）でもレディース（婦人服）でもボトムス類は試着がスムーズにいくようにサイズ切れのないように商品をそろえておく必要もあります。

要点BOX

●関連商品を購入するメリットを機に応じて提案
●気に入った商品が見つかればセット率もアップ

接客・販売の一連のプロセスと販売員の対応

顧客の動き

来店

「いらっしゃいませ」などの声かけ

↓

興味のある商品などの物色、店内巡回

「何かお探しですか」などの声かけ

↓

顧客の希望を聞いて顧客の商品選択の手伝い・サポート

「こちらがお似合いと思います」「ほかにはこのような商品があります」といったアドバイス、提案

↓

商品購入の決定

↓

セット購入の決定

「ほかに必要な商品はございませんか」「こちらの商品を一緒にご購入されるとお得ですよ」などのセット購入の勧め

↓

レジ・会計

「来月には関連商品が発売されます」「今度、○○が発売されます」など、顧客が興味を持ちそうな追加情報を提供

↓

商品受け渡し・見送り

「またのお越しをお待ちしております」と笑顔で見送り

用語解説

客単価：店舗で購入客１人当たり、どれくらいの売上高があったかを示す計数。１人当たりの商品購入額が多くなれば、店側としてはそれだけ売上高も伸びることになる。

56 不人気商品への対応

品ぞろえの充実と並行し、在庫管理を充実！

売れる店舗では品ぞろえが充実しています。また店のコンセプトも明確になっていて、買物客は「その店に行けばどのような商品を買えるか」がはっきりとわかります。もちろん、品ぞろえの充実と並行するかたちで在庫管理、戦略も綿密に立てられています。人気商品の発注を増やしたり、不人気商品の仕入れをやめたり、返品したりしなければならないのです。

小売店の売場の商品陳列やネットショップのラインナップ、品種・品目構成などで在庫状況は変化します。商品を管理するうえで売場構成、陳列方式などを戦略的に練ることも重要です。

よく売れる商品とあまり売れない商品を並べて陳列、展示すると、人気のある商品はどんどん売れて、人気のない商品ばかりが残ることになります。「どういうわけか売れ筋の商品は欠品だらけだが、売れない商品に限って過剰在庫が生じてしまう。対応のしようがない」という状態が発生するのはこのためです。人気商品が売れた場合には適時、補充を行い、不人気商品はそれに合わせて減らしていくようにしなければならないのです。

さらにいえば追加補充を頻繁に行っても売れ筋商品が急に変わったり、流行が終わってしまったりするリスクも小さくありません。そこで必要な量だけを追加補充し、「売切れ御免もやむをえない」という姿勢をとる店舗が増えています

また、シーズンや流行をいささか外れたために過剰となった商品については時期を見てバーゲンの目玉として処分することも考えておきましょう。

人気商品は販売員の手を借りずとも買物客が自ら探し出し、レジまで持っていきます。販売員の腕の見せ所となるのは、売行きが微妙な商品や不人気商品の良さを顧客に代わって見つけ出し、「お買い得感」を演出して購入してもらうことなのです。

要点BOX
- ●仕入れや返品を売行きに合わせて調整
- ●売切れ御免が大きなトレンド

不人気商品の影響

不人気商品

店頭を占領すると来客数減少、
売上高減少などの原因ともなる

流行遅れ、使い勝手が
悪い、陳腐化した商品
など

店頭から引き上げても
バックヤードなどを占領すれば、
適切な在庫管理が不可能になるリスク

不人気商品は一刻も早く、処分する必要がある。処分の方法としては返品、特売、転売、廃棄

「不要な商品在庫が山のようにあるのに、売れ筋商品が品切れ」という状態が最も悪い！

57 店舗納品と小売業の物流管理

多頻度小口配送を可能な限り効率化！

製造業が海外に拠点を構え、卸売業の役割が「流通の中抜き」で縮小するなか、小売業が物流管理のイニシアチブをとるようになりました。

小売業の物流センターでは店舗、最終消費者への配送において、結果的に多頻度小口配送が求められることになります。しかし、過度な多頻度配送が行われた場合、逆に物流効率が悪化する恐れもあります。

トラックの積載効率が低く配送コストがかさんだり、納入先の保管スペースが不足したり、不在のために営業所などの在庫が予想以上にたまってしまうリスクも出てきます。

過度な多頻度配送は一部のセクションにプラスをもたらすかもしれませんが、全体にとってはマイナスになります。「部分最適を実現することができても全体最適の実現はできない」ということになります。

過度な多頻度納入の要因としては、たとえば発注アイテムごとに納期指定日が別々になっていたり、急な追加発注に追われたりするケースが考えられます。納入先に大型トラックが入る十分なスペースがないためにやむをえず多頻度小口納入になることもあります。

対策としては仕入先ごとの一括納入やアイテム数の削減、共同配送型の物流センターの設置などが考えられます。

また、店舗側がバーゲンなどによる追加発注などを極力、減らしていくことでも過度な多頻度配送は回避できます。反対に「納品遅れ」の発生もコスト高の要因となります。納品遅れの主な理由としては、「輸配送ルートが的確でない」「貨物状況が把握できない」などが考えられます。配送リードタイムを短縮し、「必要なときに必要なモノをムダ、ムリ、ムラなく納入する」ということが重要です。在庫情報については、商品の店間移動を視野に他店舗の在庫のチェックも怠らないようにします。

要点BOX
- ●発注アイテムごとの納期指定を解消
- ●「納品遅れ」の回避でトータルコストを削減

店舗納入のしくみ

従来型（個別配送）

商品ごとにトラックによる納品が行われる。そのため、店舗側は複数回の納品に対応しなければならない。

改善型（共同配送）

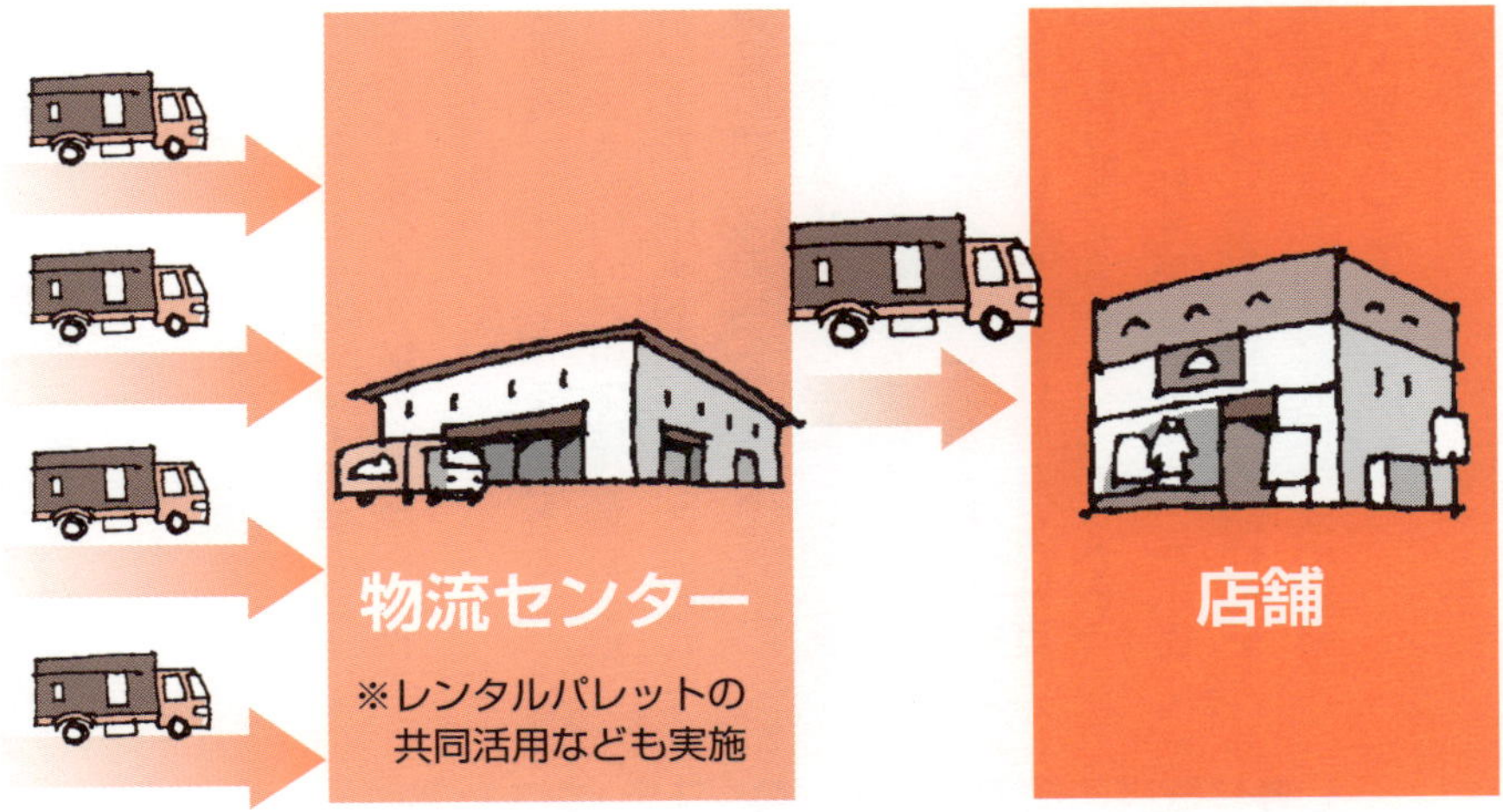

物流センターで荷合わせをし、共同配送を行う。納品のトラック台数の削減が可能になり、店舗側の検収業務の省力化、物流コスト削減を実現

58 岐路に立つ卸売業の立場

卸売システムの効率化を物流面から着手!

生産者から消費者に商品が渡る過程では長い間、卸売業者の仲介が不可欠でした。しかしそのために、卸売業を経由する間にかかる流通コストはかなりのものとなっていました。

また同じ商品があちこちの卸売業の倉庫に散在し、それが過剰在庫の遠因となるケースも見受けられました。在庫情報が体系的に統合されていないということもよく見られました。こうした状況を避けるべく、長年、卸売システムの効率化が指摘されてきました。けれども日本的な商習慣とも密接につながり、なかなか改革には着手できませんでした。

しかし近年、卸売業の物流機能をIT武装の徹底により強化する動きが加速してきました。たとえば大手卸売業はIT武装を積極的に推進しています。卸売業起点の高度なロジスティクスシステムの構築に成功している企業もあります。

ただしその一方で、負け組企業も増えています。物流改革に遅れた中小卸売業者の倒産や経営危機も相次ぎました。また大手卸の系列に吸収、統合されるケースも少なくありません。

比喩的にいうならば、川上から川下に流れるサプライチェーンという大きな川の、川中に位置する卸売業がサプライチェーンの川を下り、川下といわれる小売流通に踏み込むケースも出てきています。

「生産者起点型」から「消費者起点型」に卸売業のビジネスモデルの組み換えが進んでいることもあり、SPA（製造小売業）のように店舗を持つことでビッグデータとなっているPOS情報などの効果的な活用を図ることも可能になってきているのです。

こうした流れのなかで卸売業は、メーカーや小売業とも連携を図りながら、業界全体での商品情報データサービスの共有化やより高度な共同物流の構築の必要性に迫られているのです。

要点BOX
- ●IT武装の徹底で高度なロジスティクスを実現
- ●小売店舗を持つことのメリットを認識

卸売業起点のロジスティクスシステムの構築

59 企業経営における在庫管理のしくみ

販売物流の在庫管理の特性を理解！

企業にはさまざまな在庫が存在します。一般に企業経営でいう在庫は「生産過程にある在庫」と「流通・販売過程にある在庫」に分けられます。

企業の物流のしくみは「調達物流」「生産物流」「販売物流」に分けて考えることができます。

調達物流とは、生産地から工場などの生産拠点までの原材料などの調達に関わるモノの流れをいいます。他方、工場などの生産現場におけるモノの流れを生産物流といいます。調達物流や生産物流では、原材料、部品、半製品と物流センターや営業所への輸送を待つ完成品が在庫となります。

ちなみにトヨタ生産方式などに代表される無在庫型の管理システムが推進されているのは「調達物流や生産物流の領域」といえます。緻密な生産スケジュールを推進すれば、限りなく無在庫に近いオペレーションが可能になるわけです。

販売物流とは物流センターに入荷、保管された製品が営業所、店舗などに向けて出荷され、消費者の手に渡っていく一連の過程です。当然ながら完成品の在庫がそのほとんどです。物流センターなどに加えて営業所、店舗なども商品在庫を持ちます。

流通・販売過程にある在庫管理には、「無在庫型の管理システムを単純に導入した場合、販売機会を逃してしまうというリスクが高まる」という大きな課題があります。というのは消費者は購入したい商品が品切れなどでなければ、別の店舗に行くか、他社の類似商品を購入する可能性が高いからです。とくに食品や日用雑貨品ではこうしたケースが多くなります。企業は品切れで消費者が購入できないということがないように商品を店舗にそろえておく必要があります。生産物流では無在庫経営を実現しているトヨタ自動車でさえ、販売物流での無在庫は難しいといわれています。販売物流では適正な在庫量を設定し、緻密に管理していくのが安全策です。

要点BOX
- ●「在庫」の本質を理解
- ●在庫切れが販売機会ロスに直結

経営の軸となる在庫戦略流通
大量生産
大量調達
大量販売
大量の過剰在庫を生み出す要因に
緻密な在庫戦略の導入
物流拠点や店舗にどれくらいの在庫を持つべきかを検証！
企業経営の中軸に！

60 店舗納品のしくみ

店頭とバックヤードの在庫状況を確認！

店舗納品に至る一連のプロセスを確認しておきましょう。

商品を販売するにあたっては、店頭とバックヤードの在庫状況をしっかり確認します。欠品の有無を確認するのです。販売したい商品に欠品が発生することがないように高頻度で売れる商品を中心に欠品の有無をしっかり常日頃から確認し、欠品率を抑えておく必要があります。

販売が好調で在庫がなくなりそうになった時点で補充注文を出します。

工場、あるいは物流センターから補充商品を取り寄せます。また、店間移動で商品の補充が行われることもあります。ちなみに店間移動とは自店舗にない商品を他店舗から取り寄せるというかたちで商品の補充を行うことを指します。新宿店の商品が売り切れていても池袋店に在庫があれば、そこから取り寄せられるというわけです。

補充などにより商品が店舗に届いたら、販売員は検品・検収作業を行います。店舗に商品が届く時間帯はとくに定められていない場合もありますが、午前中に納品されることが比較的多くあります。「開店前に商品をそろえたい」というほかに、「来客の多い午後や夕方の時間帯に納品されるとお客様が迷惑する」「販売に時間を割いているときに納品があれば販売員の動きが止まることになる」などの理由もあります。

店舗に納入された商品はすぐに店頭に置かれることもありますが、いったんバックヤードに保管されることも少なくありません。

クラウド型の在庫管理システムなどを導入することで、入荷予定在庫、物流センター在庫、店舗在庫、返品在庫、店間移動在庫、といった複雑かつ全社的な在庫の可視化を店舗レベルに対しても実践していくことになるわけです。

要点BOX
- ●店間移動の効果的活用を実践
- ●午前中の納品体制に対応

店間移動のしくみ

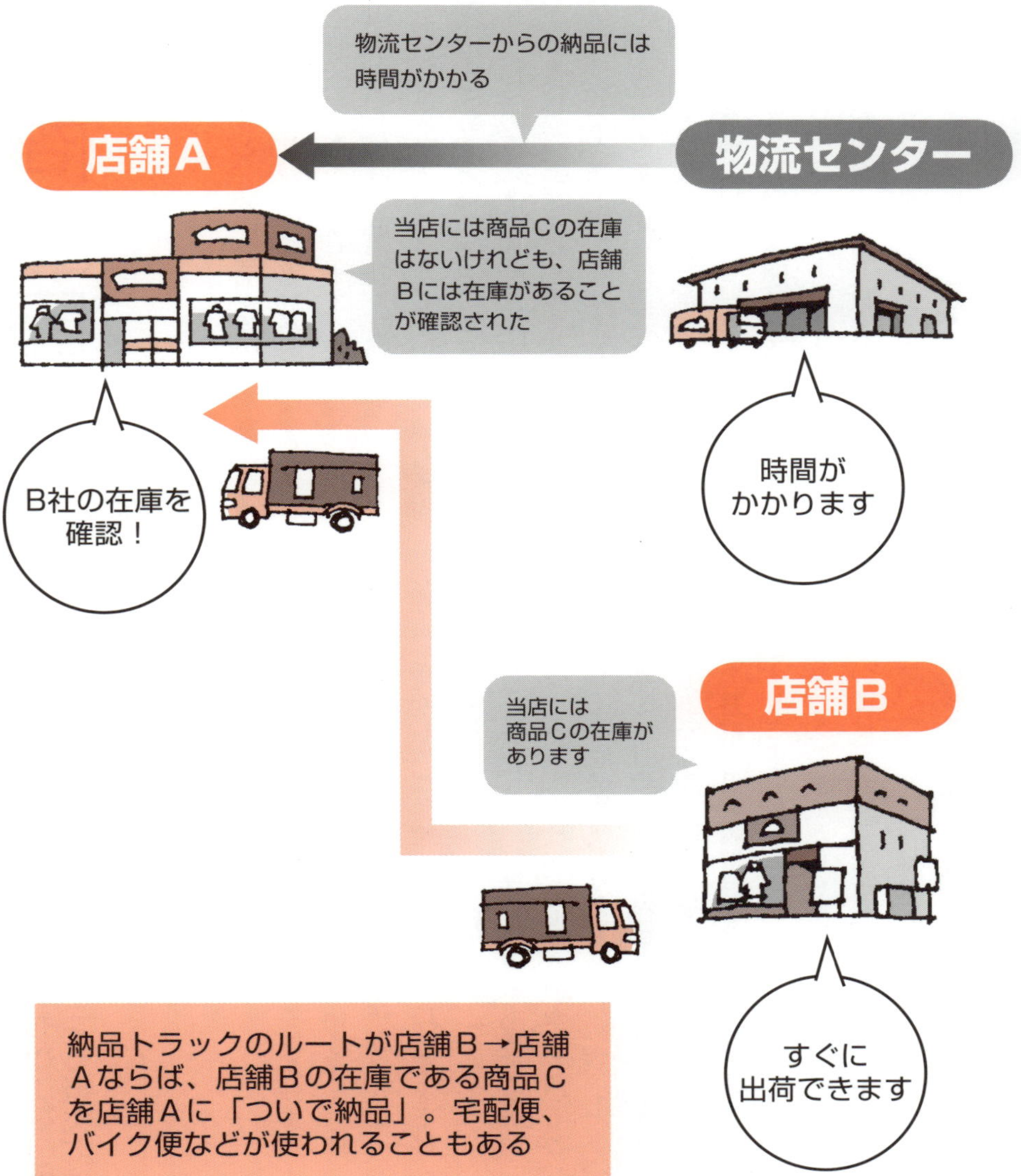
物流センターからの納品には
時間がかかる
店舗A
物流センター
当店には商品Cの在庫
はないけれども、店舗
Bには在庫があること
が確認された
B社の在庫を
確認！
時間が
かかります
当店には
商品Cの在庫が
あります
店舗B
すぐに
出荷できます

納品トラックのルートが店舗B→店舗Aならば、店舗Bの在庫である商品Cを店舗Aに「ついで納品」。宅配便、バイク便などが使われることもある

61 商品ロスへの対応

思いもかけない理由で発生する損失に注意！

店舗運営をすると、必ず直面するのが、商品ロスの多さです。仕入れの際の販売計画通りに商品が売れないと商品ロスも多くなります。商品ロスが多い場合は販売予測を見直す必要もあるのです。

ロスとは、仕入れの際に予定していた売値と実際の売上高との差額を意味します。ロスの原因はさまざまです。商品の売行きが悪く定価では売れず、バーゲンなどを行う必要が生じた場合、仕入れの際の予定売値とは異なる売上高となります。これを値下げロスと呼んでいます。さらに値下げをしても売れない場合、商品を廃棄することがあります。そうして発生したロスを廃棄ロスといいます。

このほかにロスの理由が不明であるが、何らかの損失が発生しているケースもあります。

たとえば、棚卸の際に帳簿と数字が発生しないことで生じる棚卸ロス、あるいは帳簿ロス、レジの打ち間違いや万引きなどにより生じた場合に理由が不明のロスが発生します。

ただし、ロスは自然に発生するものではありません。「ロスが発生するのは当たり前」という考え方は絶対にすべきではありません。ロス率が高ければその理由を究明し、改善策を打ち出し、ロス率を下げる努力が必要です。

値下げロスについては、「必要な商品を必要なだけ、ムダ、ムラ、ムリなく仕入れているのか」ということを精査してみる必要があります。

レジ打ちミス対策、などは従業員教育を徹底させることでもある程度、防げます。レジ打ちの研修、万引きへの警戒などの講習会なども定期的に開催するようにするとよいでしょう。

また商品ロスの視点からも無視できない万引き、盗難については、「商品が盗まれやすい店舗レイアウトになっていないか」「従業員にスキはないのか」などを入念にチェックする必要があります。

要点BOX

- ●レジ打ちミスを徹底的に回避
- ●店舗レイアウトの改善で万引き、盗難を防止

商品ロスの種類

商品ロス

↓

店頭商品、および在庫商品がなんらかの理由で
損失を被ること

たとえば…

値下げ

廃棄

レジ打ち間違え

万引き

Column

流通の始まり

英国の小説家デフォーの有名な小説『ロビンソン・クルーソー』では主人公のロビンソン・クルーソーが自給自足の生活を行っています。クルーソーは航海の途中に遭難して無人島に流れ着きました。そして狩猟や農耕を行い、毎日の食べ物を自らの手によって作り出しました。もちろん住まいも衣服も自分で作り、自分で消費しました。クルーソーの世界ではクルーソーが必要とするものがクルーソー自らの手により生産されたり供給されたりしました。すなわち「自給自足の経済体制」がロビンソン・クルーソーの世界では構築されているわけです。

人類が誕生した当初も、衣食住などに関してクルーソーの世界と同じようなかたちで人間の社会生活が営まれていた可能性があります。それはさまざまな人類以外の動物が自給自足の生活体系を構築していることを考えれば容易に想像がつくことでしょう。

しかし、人類はやがて集落を形成し、高度な共同生活を営むようになりました。そうなると、まもなく「物々交換」（商品交換）が始まることになります。過剰に生産したモノなどを不足しているモノと交換するようになったわけです。商品交換が始まることにより、「流通」という概念も誕生したのです。

流通が始まると、まもなく貨幣が発明されます。

著名な経済学者であったマックス・ウェーバーは「金銭欲は私たちの知る人類の歴史と同じくらい古い」と述べています。けれども、貨幣制度がある程度の発達を遂げるまで商品交換も経済社会において重要な役割を担いました。

たとえば、紀元前３０００年頃の古代エジプトでは、遠方との物々交換が積極的に行われました。国内にない香料や象牙、杉などの木材を求めて交易遠征隊が組織されました。そして商品交換の中心となる「商人」たちが文明の伝達者ともなっていました。

物々交換から始まった流通

第7章

これからの流通

62 追い込まれた百貨店、苦戦するスーパー

変化する消費者の志向に対応！

１９６０年代から70年代はじめの石油ショックの頃まで、デパートは破竹の勢いで業績を伸ばしてきました。しかし70年代前半をピークにデパートの勢いは以後、大きく減速していきました。その流れは今も止まらず、デパートは存亡の危機を迎えているといっても過言ではありません。

こうした厳しい状況のなかでデパート業界は生き残りをかけた方策を懸命に模索中です。デパート各社は高コスト体質を改善、経営のスリム化に乗り出しています。大手百貨店は相次いで地方店を閉鎖しました。しかし、大都市消費圏にある一部の店舗を除いて業績はかんばしくありません。

唯一の頼みの綱は中国などからのインバウンド観光客による「爆買い」です。

またデパートに代わって、小売の主役としての地位を築いてきたスーパーも苦戦が続いています。ネットスーパーなどの登場により、ビジネスモデルの刷新を求められているのです。これまでと同じような商品構成では消費者を引きつけられないかもしれません。スーパーの買物客の消費傾向もここにきて大きく変わろうとしています。従来、スーパーの主たる買物客は専業主婦で購入商品は野菜・果物、魚類、肉類などの生鮮食品が中心でした。

しかし近年は独身者、単身世帯、共働き世帯が増え、「専業主婦が生鮮食品を買って、家庭で料理し家族に提供する」という生活パターンが崩れてきました。また、かつてはスーパーで生鮮食品をよく買っていた高齢層の専業主婦も家庭で料理を作ることが負担となってきました。こうした需要の変化を受けてスーパーの売れ筋商品が生鮮食品から惣菜・調理済みパック食品へとシフトしてきました。またネットスーパー事業にも力を入れ始めています。

少子高齢化などの社会環境の変化に柔軟に対応していく必要もあるのです。

要点BOX
●相次ぐ地方店の閉鎖でコスト削減
●生鮮食品から惣菜・調理済みパック食品へ

百貨店／スーパーの現状と展開

百貨店

- アパレル系ネット通販（ファッションEC）の普及
- ファストファッションなどの安価なファッションの浸透
- 若者のファッション離れ

↓

大手百貨店の地方店、郊外店などの相次ぐ閉店

↓

大都市圏の店舗

- **インバウンド／爆買い需要への依存傾向が強まる**
- デパ地下のさらなる活用

品ぞろえが変わり、日本人買物客離れの傾向が加速？

スーパーマーケット

↓

ネットスーパー事業

次世代スーパー戦略の中軸に据える

生鮮食品

↓

惣菜・パック食品

自炊をしない単身世帯や共働き世帯の増加などの消費者動向に変化に対応

63 頭打ちのコンビニとドラッグストア

飽和するマーケットに苦戦！

大手コンビニエンスストアの多くはドミナント戦略をもとに出店戦略、店舗展開を行っています。

ドミナント戦略とは集中出店方式のことです。各チェーン店を一定区域内に集中して出店させます。通常、商品は物流センターなどから店頭に届けられます。したがって店舗と店舗の間隔が近ければ近いほど輸送コストを削減することが可能となるのです。しかもジャストインタイムで商品を決められた時間に補充する際にも店舗が隣接していれば、配送を正確に行うことができます。従来、物流面については優れた戦略と評価されてきましたが、ここにきて「オーバーストア(店舗の供給過剰状態)を誘発している」という批判も出てきました。どうしても品ぞろえが似た店舗が近隣にいくつもできることになるので消費者はマンネリ感を抱きやすいのです。

他方、ドラッグストアは、チェーンストア方式のもとに医薬品のみならず、健康食品、美容・ダイエット関連商品、日用品などを幅広く扱うようになりました。1990年代後半から2000年代にかけて急速に発達していきました。また、食品部門をもあわせ持ったり、店舗を大型化したりすることで総合スーパーとの競合を繰り広げるようにもなりました。

しかし、出店が増えたことでコンビニ同様に「似たような店ばかりが増えた」という指摘も出てきました。コンビニ業界は過当競争の影響で近年、経営統合や吸収合併が相次いで行われてきました。コンビニ各社はマーチャンダイジング（商品構成）の差別化戦略に力を入れて、PB(プライベートブランド)の強化を重視しています。

ドラッグストアも岐路に立っています。「買物弱者」をめぐる規制緩和で競争相手も増えてきました。さらにいえば、インバウンド観光客の需要にいかに柔軟に対応していくかということが大きなカギを握りそうです。

要点BOX
- ●限界を迎えつつあるドミナント戦略
- ●商品構成の差別化が課題

ドラッグストアのドミナント展開

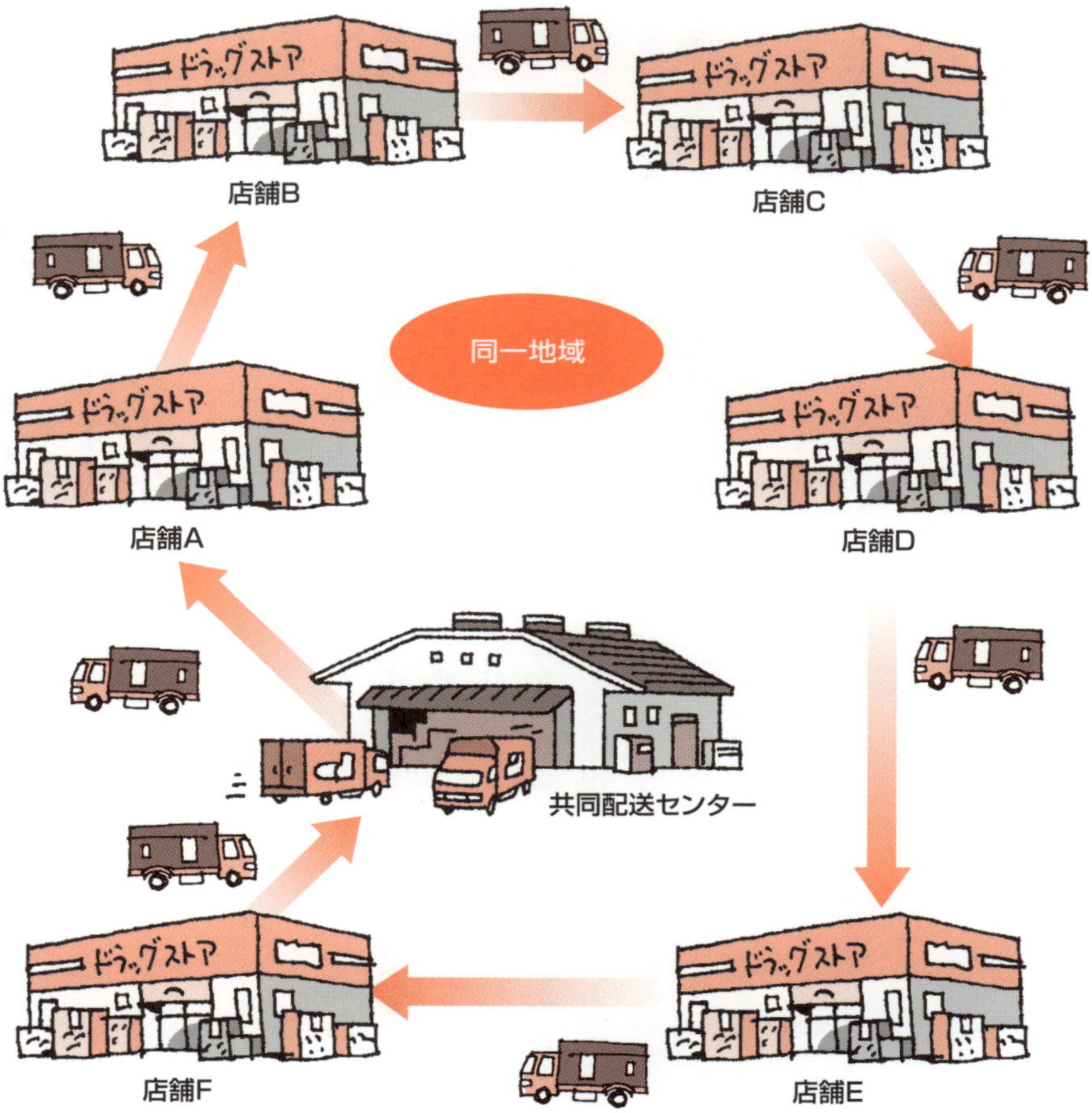

「買物弱者」をめぐる医薬品販売

少子高齢化の進行で、日常の買物が困難になる「買物弱者」の発生と増加が懸念されている。そこで医薬品の販売の規制緩和の動きを受けてドラッグストア以外でもネット通販、コンビニなどで医薬品を販売する流れが出てきている。

64 「ミニスーパー」という流れ

コンビニ付近で低価格の商品提供

スーパーマーケットは、これまでコンビニエンスストアに若者、単身者、共働き世帯の消費者を奪われていることで苦戦を強いられてきました。小型で生活圏に密着しているコンビニに後れを取ってきたのです。しかし、ここに来て反撃の刺客を送り込み始めています。それが関東を中心に展開しているまいばすけっと、マルエツプチなどの「ミニスーパー」です。ミニスーパーとは売場面積が500㎡以下の店舗で営業される食品スーパーのことです。

確かにコンビニは「出勤前や仕事帰りに立ち寄れる」「昼休みのような限られた時間でも気軽に行ける」「自宅から近くて便利」といった多くの利点があります。現代生活には不可欠な存在といっても過言ではないでしょう。

ただしあえてデメリットを探せば、「スーパーや量販店に比べて価格が高い」ということがあげられます。コンビニではバーゲン、セール、特売などが行われることはほとんどありません。またPBブランドなどの商品の価格もスーパーなどに比べて高めです。しかしそれでも「近くにあってすぐに買えて便利」であるというメリットは大きく、消費者はたとえ割高感があっても購入することになるのです。

スーパー各社はこうしたコンビニの特性に目をつけました。「もしコンビニと同じような立地で割安感のある商品をそろえた小型のスーパーがあればコンビニ客を奪えるのではないか」というわけです。

そしてスーパー各社が相次いで出店しているのが、ミニスーパーというわけです。ただしコンビニのドミナント戦略のような多店舗集中出店は行いません。

価格的にはスーパー並みの安さ、品ぞろえについてはコンビニのマーチャンダイジングを参考に単身者、共働き世帯向けにアレンジ、そして買いやすい街中のコンビニ近辺の立地で、オーバーストア気味のコンビニを駆逐していこうというのです。

要点BOX

- ●売場面積が500㎡以下の店舗で営業
- ●ドミナント戦略のような多店舗集中出店を回避

ミニスーパーの概要

ミニスーパー

売場面積が 500 ㎡以下の店舗で営業される食品スーパー。
コンビニとは異なり、安価で生鮮食品を販売
まいばすけっと、マルエツプチなど

出店

コンビニ同様に住宅街、繁華街など。ただし、ドミナント出店ではなく、単発で出店されるケースが多い。そのため物流コストは高くなる。

品ぞろえ

コンビニとは異なり、生鮮食品が中心。日用品なども置かれている。ただしコンビニのマーチャンダイジングを参考。

価格

コンビニとは異なり、スーパー並みの低価格商品が置かれている。

スーパー並みの低価格とコンビニ並みの立地がミニスーパーの魅力となっている

65 無人化電子レジの普及

少子高齢化などの影響でコンビニやスーパーなどでレジ業務を円滑に行うための人材確保が難しくなってきました。そこで開発、登場したのが無人レジです。導入する店舗が増えています。

買物客が商品の入った買物かごなどをレジに置くと、購入金額が計算されます。支払いは現金でもクレジットカードでも可能なものがほとんどです。

さらにいえば商品一つずつを読み取るタイプのものではなく、RFID（非接触タグ）を取り付けることにより、商品をかごやレジ袋ごと読み込んでしまうタイプのものが出てきました。

スーパー業界での導入が先行する状況にありましたが、ここにきてコンビニ業界も導入に力を入れています。ローソン、ミニストップ、ニューデイズのコンビニ大手5社は経済産業省と一体となって全店舗導入を目指しています。これは「コンビニ電子タグ1000億枚宣言」で大手5社で扱うすべての商品の合計1000億個に専用のICタグをつけるという計画です。

他方、アマゾンドットコムは人工知能や顔認識システムなどを組み合わせた最先端のレジ不要コンビニ、「アマゾンゴー」でコンビニ業界に参入しました。アマゾンゴーでは商品を手に取って店を出ても自動的にネット上で課金されるというシステムが採用されているのです。

無人レジは同時に流通プロセスにおける各商品の生産情報、在庫情報、出荷情報の一元管理を実現するための中枢機能を有することにもなります。ICタグにそれらの商品情報を書き込むことで「いつどこで作られたモノがだれにいつ売られたのか」といった諸情報が容易に管理できるようになります。さらにいえば発注、値下げ、店間移動などのタイミングも見定められるようになります。無人レジの導入で消費者のサイフがゆるむことが期待されてもいます。

要点BOX
●買物かごごとに自動で会計を完了
●商品を手に取って店を出てもネット上で課金

無人レジのしくみ

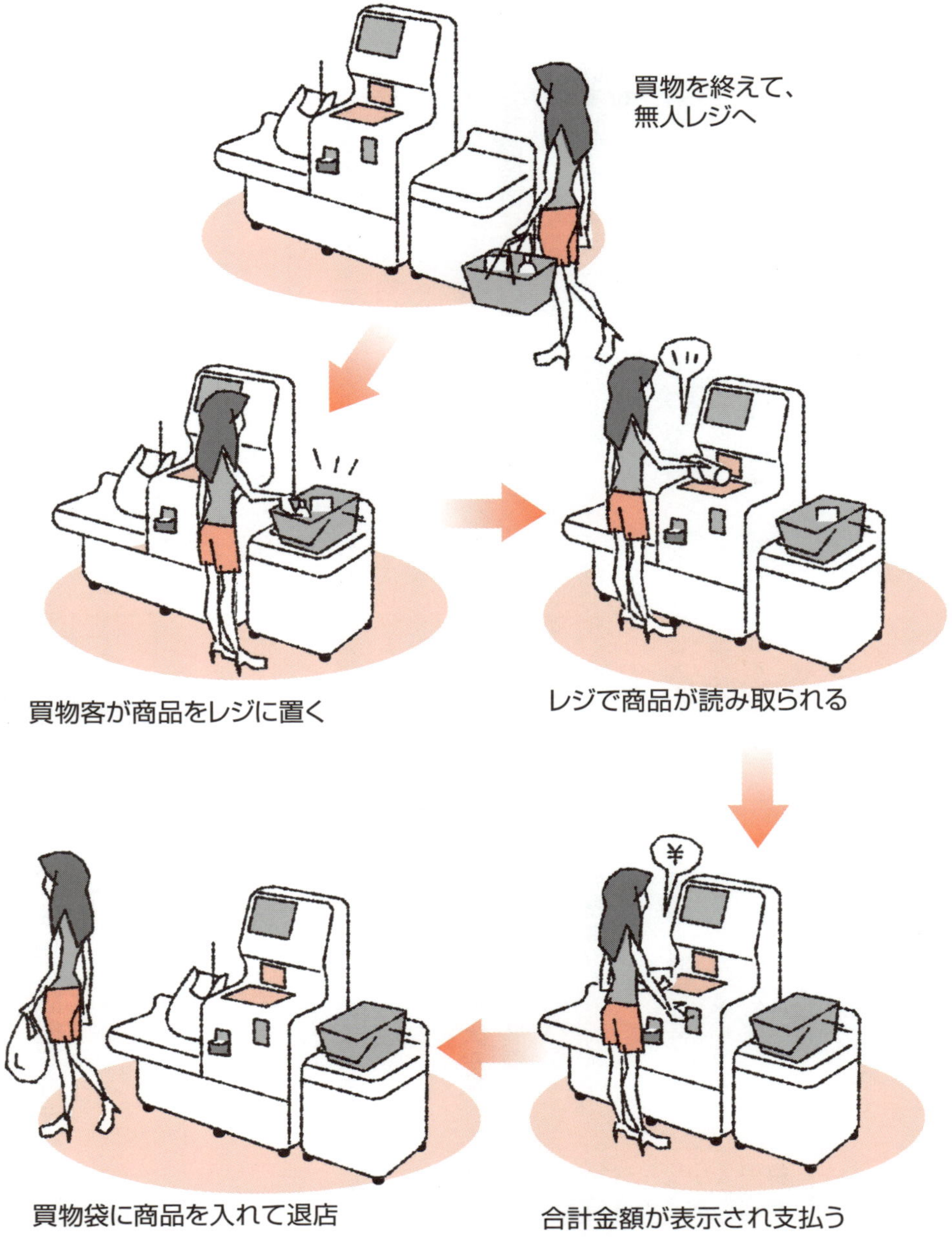
買物を終えて、
無人レジへ
買物客が商品をレジに置く
レジで商品が読み取られる
合計金額が表示され支払う
¥
買物袋に商品を入れて退店

66 都市再開発で岐路に立つ商店街の行方

存続の危機を迎えた実店舗

郊外に大型店舗が相次いでオープンした影響で、多くの地方都市の主要駅前などの商店街は「シャッター通り」となってしまいました。そのため「パソコンに弱くネット通販が苦手」「マイカーなどの手段で郊外の大規模店舗に気軽に買物に出かけられない」といった高齢者層などが行き場を失うという問題が出てきています。

実際、古き良き商店街は衰退の一途をたどっています。シャッター通りとなることを免れている比較的善戦している商店街でも個人商店の数が激減し、ドラッグストア、コンビニ、チェーン店が全体の半数以上を占めるケースが少なくありません。都市部の生活者のライフスタイルが変わり、青果店、精肉店、生鮮食料店、酒店、電気店といった個人商店での買物を中心とすることはほとんどなくなってしまっているのが現状なのです。

さらにここにきて商店街の存続の大きな逆風となっているのが「タワマン現象」です。東京などの大都会には相次いでタワーマンションが建設される流れが加速しています。タワーマンションの建設に合わせ区画の再開発が進み、商店街がタワーの低層階に入らざるを得なくなるのです。そしてこの場合、景観が以前と大きく変わってしまいます。

個人商店の場合、再開発によって商店街が大規模商業施設に置き換えられても、そこに新規に高額の賃料を払って店舗を構えるだけの資金力がないケースが少なくありません。「地元の商店街を現代風の商業施設のなかに残そうと思ったが、結局、資金力があるのは大手チェーン店などで個人商店は再開発とともに消えゆく運命となってしまった」という結果になるのです。効率だけを追い求めていくのではなく、地域社会と景観を守り、「個性ある住みやすい街をつくっていく」という視点から商店街の存続を考える必要性もあるのかもしれません。

要点BOX
●消えゆく昔ながらの商店街
●個性ある街を守る

商店街の衰退が生む影響

商店街

- 大型スーパーの出店、
ネット通販の普及、
少子高齢化社会などの影響

- シャッター通り化現象

- タワーマンション建設
- 大規模商業施設への建て替え

- 地域社会の崩壊
- 地域景観の崩壊

商店街がなくなれば地域社会は崩壊し、
都市の景観にも悪影響が及ぼされる

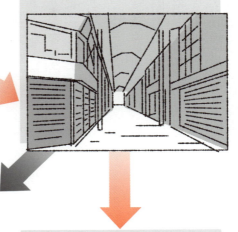

67 インバウンド需要の行方

爆買いに合わせた品ぞろえで対応！

我が国への観光客は年間2000万人を突破しました。これを近い将来、倍増させるという計画があります。我が国が観光立国となりうる可能性が探られているわけです。

実際、中国からの観光客の増加により、一時は閑古鳥が鳴いていたさまざまな観光地が息を吹き返しています。

たとえば、浅草はスカイツリーの建設なども追い風となり、インバウンド観光客がこの数年で急速に増えました。雷門周辺はいまや外国人であふれています。観光都市の代表ともいえる京都などもインバウンド観光客でにぎわっています。

さらに百貨店が立ち並ぶ銀座もインバウンド観光客の爆買い現象を目の当たりにして、品ぞろえ、商品構成を中国人観光客などの嗜好《しこう》に合わせて対応するようになりました。日本人買物客が買い控えなどを行うなかで、インバウンド観光客に焦点を合わせることが百貨店生き残りのカギとも考えられているわけなのです。

しかし、こうしたインバウンド観光客重視の傾向に警笛を鳴らす専門家もいます。中国政府は個人輸入に対する関税率を引き上げ、海外から中国国内への爆買い輸入を制限する方針を打ち出しました。

これまでは「日本製の商品を個人で大量に購入すれば関税もかからず転売すれば大儲けも可能」と考えていたインバウンド観光客も、財布のひもを締めざるを得なくなりました。爆買いの勢いが大きく弱まったときの反動が心配されています。

さらにいえばインバウンド観光客の増加と反比例して、日本人の客足が遠ざかるという状況も発生しています。百貨店などは爆買いを頼りにインバウンド対応の商品構成、品ぞろえにシフトしていますが、それが原因でこれまでの固定客である日本人買物客を失ってしまうリスクも出てきているのです。

要点BOX
- ●日本人買物客の買い控えの埋め合わせ
- ●勢いを失う恐れを懸念

インバウンド観光客の増加

ビジット・ジャパン事業

国土交通省の訪日旅行促進事業

2020年に年間4000万人、2030年に年間6000万人を目指す「グローバル観光戦略」の一環

↓

インバウンド観光客の増加

↓

爆買いの発生

↓

- 百貨店、家電量販店、ドラッグストアなどのインバウンド観光客対応が進む

↓

爆買いブーム終了後の不安

- インバウンド中心の品ぞろえに対する日本人消費者離れ
- 手薄になる日本人販売員
- インバウンド客の消費傾向の変化

68 小売業と卸売業の垣根がなくなる？

次世代流通業の標準モデルは小売・卸売折衷型

流通業界では「小売業が勢いを強める一方で卸売業が低迷、衰退している」ということが指摘されています。実際、小売業にはインバウンド需要や、ネット通販市場の拡大、ビッグデータの活用、無人レジの普及など、プラス要因が目白押しです。しかしそれに対して、卸売業は「流通の中抜き現象」の影響をまともに受け、卸売市場は大幅な縮小傾向にあります。中小卸売業の統廃合も加速してきました。

こうした流れのなかで、生き残りをかけた卸売業が起死回生の戦略として打ち出しているのが「卸売業の川下り」です。すなわちサプライチェーンの川上の卸売業が川下の小売業のビジネスモデルの実践に乗り出してきたわけです。これまでのように小売業相手に商品を卸売りするのではなく、一般消費者向けに直接、販売することで売上高を伸ばす戦略を取り始めたわけです。

とくに注目を集めているのがネット通販やテレビ通販を介しての卸売業による商品販売です。卸売業の品選び、品ぞろえについての独自のノウハウやマーケティング力を活用し、独自の商品を開発し、ネット通販などで販売するというわけです。

他方、小売業はネット通販市場の活用で個人消費者の購入履歴などのビッグデータを手にし始めました。小売業が不特定多数に販売し、卸売業が「特定の顧客に販売する」というビジネスモデルならば、個人情報を大量に保有するアマゾンなどの一部巨大ネット小売には卸売業の機能があるともいえます。アフィリエイトなどを活用して、商品販売の場を関連業者などに提供することも卸売業に近い機能といえましょう。いわば、こちらは「小売業の川登り」ともいえる現象です。

言い換えれば、小売は卸売業に近付き、卸売業は小売業に近付いていくのが次世代流通業のあり方かもしれないのです。

要点BOX

- ●ビッグデータを活用する小売業の川登り
- ●川下りで巻き返しを図る卸売業

進む製造業、卸売業、小売業の業際化

川上

製造業

●業界によっては製造小売業、販社の多角経営化など、小売機能や卸売機能の補完を図る動きもある

卸売/小売機能の補完

川中

卸売業

●流通の中抜きの影響を受けて弱体化。小売機能を補完することで生き残りを図る

小売機能の補完

卸売業の川下り

小売業の川登り

川下

小売業

●ネット通販などで顧客情報を入手できるようになったことを受けて、卸売業のように顧客情報管理が可能になり、卸売業の機能も有するようになる

卸売機能の補完

Column

流通コストの低減

流通コストとは、商品の流通過程において生じる費用のことです。

流通コストには個別の企業が掌握している「ミクロ的な流通コスト」と社会的に掌握されている「マクロ的な流通コスト」とがあります。

ミクロ的な流通コストは「マーケティングコスト」ともいわれます。商品の販売、購買にともなう諸費用や商品の販売努力のために費やされる費用のことをいいます。具体的には営業費、販売活動費、広告費、市場調査費などを指します。個別企業の販売・マーケティング活動に要する諸費用を意味するわけです。

一方、マクロ的な流通コストとは、「生産者から最終消費段階に商品がわたるまでのモノの流れに関わる諸費用」を指します。

すなわち、売買に輸送、保管などの物流コストや流通情報システム関連の諸コスト、メーカー、卸売業、小売業の流通マージン（利潤）などです。

近年、流通コストの低減が経営刷新のキーワードとなり、さまざまな企業で低コスト化が進められています。店舗・流通コストダウンを図り、その成果を販売価格などに反映させなければなりません。

ただし現場起点の改善には限度があります。根本的な流通システムの変更が低コスト化には不可欠というケースも多々あります。したがって経営トップの流通改革についての高度な判断力が求められることもあります。

また「物流コストの可視化」に積極的に取り組む必要も出てきています。物流部門の仕事は複雑に他部署の業務とからみあっているので、物流部のみの改革では大きな成果をあげることはできません。営業部、広報宣伝部、経営企画部などの他部署との連携や情報共有を進めつつ、物流改革を推進し、流通コストの削減を行う必要があるわけです。

ミクロ的な流通コスト

マーケティングコスト。営業費、販売活動費、広告費　など

マクロ的な流通コスト

輸送・保管などの物流コスト、情報システム　など

【主要参考文献】

浅田毅衛他著『近代日本流通政策史』白桃書房、２０００年
石井寛治著『日本流通史』有斐閣、２００３年
石原武政他著『日本の流通１００年』有斐閣、２００４年
伊藤元重編『新流通産業』ＮＴＴ出版、２００５年
井本省吾著『流通のしくみ』日本経済新聞出版社、２００５年
上原征彦他著『手にとるように小売・流通がわかる本』かんき出版、２００８年
宇野政雄他編著『現代商業・流通辞典』中央経済社、１９９２年
角井亮一著『オムニチャネル戦略』日本経済新聞出版社、２０１５年
上岡史郎著『1回で合格！販売士検定3級テキスト＆問題集』成美堂出版、２０１７年
木地節郎著『商業集積の立地』啓文社、１９８８年
北原一身監修『流通のしくみ』日本実業出版社、１９９０年
小林隆一著『これからの流通がわかる本』同文館出版、２００２年
小宮路雅博編著『現代の小売流通』同文館出版、２００５年
鈴木邦成著『トコトンやさしいＳＣＭの本　第2版』日刊工業新聞社、２０１４年
鈴木邦成著『物流・流通の実務に役立つ　計数管理／ＫＰＩ管理ポケットブック』日刊工業新聞社、２０１４年
鈴木比砂江著『わかる‼できる‼売れる‼販売員の教科書』すばる舎、２０１７年
鈴木安昭著『新・流通と商業（第3版）』有斐閣、２００４年
田島義博著『歴史に学ぶ流通の進化』日経事業出版センター、２００４年
中田信哉・橋本雅隆編著『基本流通論』実教出版、２００６年
中谷安伸著『リテールマーケティング（販売士）検定2級問題集ＰＡＲＴ1』一ツ橋書店、２０１７年
中村孝士著『変革期の小売流通』中央経済社、１９９５年
波形克彦編著『アメリカのショッピングセンター』経営情報出版社、１９９３年
西村林著『現代流通論』中央経済社、１９９９年
野澤建次著『現代流通入門　第2版』中央経済社、２００２年
マーケティング史研究会編『日本流通産業史』同文館出版、２００１年
宮澤永光監修『基本流通用語辞典』白桃書房、１９９９年
横塚由光著『流通のしくみ』アスカ・エフ・プロダクツ、２００１年

今日からモノ知りシリーズ
トコトンやさしい
小売・流通の本

NDC 336.7

2017年10月28日 初版1刷発行
2025年 4月11日 初版8刷発行

発行者 井水 治博
発行所 日刊工業新聞社
東京都中央区日本橋小網町14番1号
(郵便番号103-8548)
電話 書籍編集部 03(5644)7490
販売・管理部 03(5644)7403
FAX 03(5644)7400
振替口座 00190-2-186076
URL https://pub.nikkan.co.jp/
e-mail info_shuppan@nikkan.tech
印刷 新日本印刷
製本 新日本印刷

●DESIGN STAFF
AD——志岐滋行
表紙イラスト——黒崎 玄
本文イラスト——輪島正裕
ブック・デザイン——岡崎善保
(志岐デザイン事務所)

●
落丁・乱丁本はお取り替えいたします。
2017 Printed in Japan
ISBN 978-4-526-07759-3 C3034

●著者略歴

鈴木 邦成(すずき・くにのり)

日本大学准教授、同教授を経て、2025年4月より同特任教授。物流エコノミスト、一般社団法人日本SCM協会専務理事。

主な著書に『物流・トラック運送の実務に役立つ運行管理者(貨物)必携ポケットブック(第2版)』、『お金をかけずにすぐできる 事例に学ぶ物流現場改善』、『図解 国際物流のしくみと貿易の実務』、『トコトンやさしいSCMの本(第3版)』、『トコトンやさしい物流の本(第2版)』、『現場で役立つ物流/小売・流通のKPIカイゼンポケットブック』(以上、日刊工業新聞社)など多数。

流通、物流・ロジスティクス、SCM関連の連載記事、寄稿論文、学術論文など多数。